이기적 소통

KB220313

이기적 소통

나를 위한
지혜로운
말하기 수업

박보영 지음

BM (주)도서출판 성안당

지금 이 순간에도 헤어질까 지속할까, 고민하는 당신에게

"팀장님과 너무 안 맞아서 회사 생활이 힘들어요. 매일 사표 쓸까 고민하죠."

"남편의 말이 비수처럼 가슴에 박혀요. 이혼을 할까 고민 중이에요."

"부부 싸움을 시작했을 무렵에는 화를 많이 냈는데, 이젠 아내가 뭘 해도 무감각해졌어요. 이렇게 사는 게 맞는 건지……."

"부모님은 늘 저를 나무라는 얘기만 하세요. 제 말을 믿지 않아요."

소통 강의를 다니면서 듣게 된 사연들이다. 많은 사람이 자기 곁에 있는 누군가 때문에 마음에 상처를 입고, 관계를 지속해야 할지 고민한다. 포기하고 이대로 살아갈까, 아니면 차라리 헤어질까. 그 어느 쪽도 쉬운 선택지는 아니다. 헤어지고 싶다는 마음이 굴뚝 같아도 혈육이라서, 자녀들 때문에, 먹고살기 힘들어서 등등, 다양한 이유로 이별이라는 결정을 내리지 못한다. 관계의 성질에 따라 이별이 불가능한 (정확히 표현하자면, 불가능에 가까운) 경우도 있다.

관계로 인한 마음의 상처라면, 나 역시 둘째가라면 서러울 경험자이다. 예민하고 소심한 성격을 타고난 탓에 일찍부터 타인과의 관계에서 크고 작은 어려움을 겪으며 자랐다. 부모님은 엄격하셨고, 형제들은 나와는 전혀 다른 성격을 가지고 있었다. 거의 모든 면에서 맞지 않았다. 서로 소중한 관계임이 분명했지만, 그 마음을 현명하게 표현할 방법을 몰랐던 것이다. 그러나 가족의 진짜 마음을 들여다볼 수 없었던 나는 지독하게 외로웠고 고통스러웠다. 불가능한 것을 알면서도 때때로 '헤어짐'을 진지하게 고민했다.

어릴 때 입은 마음의 상처는 어른이 된 후에의 인간관계에도 영향을 주었다. 사람을 대할 때 자신이 없었고, 상대가 진심으로 다가와도 그 마음을 믿기가 힘들었다. 뭔가 일이 잘 안 풀리면 다 내 잘못인 것만 같았다. 남들이 아무리 일을 잘한다고 인정해주고 칭찬해줘도, 오래 눌려 있던 자존감은 회복되지 않았다. 이런 경험으로 인해 나는 인간의 심리와 소통에 관심을 갖게 되었다. 심리학을 공부하고 소통의 기술을 연구하면서, 스스로를 오랫동안 괴롭혔던 마음의 상처가 무엇 때문인지 알게 되었고 천천히 해법을 찾아갈 수 있었다. 지금까지 20여 년간 소통 전문가로 활동하면서 수많은 직장인을 대상으로 강의를 하고 책을 펴낼 수 있었던 것도 그 덕분이다.

우리가 인간관계로 고통스러워하면서도 헤어짐을 선택하지 못하는 가장 큰 이유는, 인간은 혼자서는 살아갈 수 없는 존재이기 때문이다. '인간은 사회적 동물이다.'라는 명제에서도 알 수 있듯이, 타인과 함께하는 것이야말로 인간이 지닌 본성이다. 유구한 역사 속에서 우리는 함께여야 살아갈 수 있다는 사실을 각성하고 실천해 왔다. 타인이 있기에 거친 환경에 맞서 싸울 수 있었고, 외롭지 않게 의지하며 살아갈 수 있었다. 타인과 함께 살아가는 것은 무엇보다 '나 자신의 생존'을 위해 꼭 필요한 조건이다. 이것이 우리가 끊임없이 누군가와 관계를 맺고 살아가는 이유라 할 수 있다.

지금 당장 무인도로 떠나서 죽을 때까지 홀로 살 자신이 있는 게 아니라면, 여러분 곁의 누군가와 잘 지낼 방법을 모색해야 한다. 타인과 잘 지내겠다는 결심은 타인이 아닌 '나 자신'을 위한 '이기적 선택'이기 때문이다.

그래서 나는 타인과 잘 지내고자 하는 목적이 그 누구도 아닌 '나 자신'을 위한 이기적 선택이라는 데 바탕을 두고 '이기적 소통법'을 창안하였다. 그리고 나처럼 인간관계에서 어려움을 겪고 있는 사람들에게 조금이라도 도움이 되었으면 하는 바람에서 이 책을 집필하게 되었다.

여기에는 상처받은 자신의 마음을 먼저 치유하는 방법, 얽히고설킨 타인과의 관계를 복구하기 위한 공감 표현법, 자신의 감정을 조절하여 적절하게 표현하는 방법, 언어만큼 중요한 비언어적 소통 요소 활용법 등이 단계별로 정리되어 있다. 특히 이 과정에서 미국 출신의 세계적인 심리학자 대니얼 골먼의 '감성 지능(Emotional Intelligence)' 이론을 접목하였음을 밝힌다. 지능지수인 IQ(Intelligence Quotient)와 달리, EQ(Emotional intelligence Quotient)는 자신의 감정을 적절하게 조절하여 인간관계를 원만하게 만듦으로써 사회성을 높여 준다는 점에서 '마음의 지능지수'라 할 수 있다. 실패를 겪더라도 좌절하지 않고 자신을 다잡으며, 타인의 감정에 공감하는 능력도 여기에 해당한다. 또한 이 책에서는 상한 마음에서 생겨난 바람직하지 못한 감정 표현이야말로 관계를 망치는 주요 요인임을 밝히고, 왜곡된 감정을 해결하는 방법에 관해 설명하고 있다. 이 내용은 관계와 소통으로 고민하는 이들에게 분명 큰 도움이 될 거라고 감히 확신한다. 오늘도 내 곁의 누군가로 인해 답답함, 분노, 좌절감을 경험했다면 눈길이 갈 만한 내용이 많을 것이다.

우리는 누구나 행복할 자격이 있다. 그러기 위해 나를 사랑하고, 타인을 존중하며, 건강한 관계를 만들어 가고자 노력을 하는 것이다. 나는 이 책을 읽는 당신이 꼭 행복해지기를, 진심으로 바란다.

p.s 1
현대인들이 얼마나 바쁘게 살아가는데
이 책을 다 읽을 시간이 날까 하는 마음에 목차 구성에 힘을 주었다.
목차를 보고 골라 읽는 재미가 있었으면 한다.

p.s 2
더 효율적인 방법은 '이기적 소통을 위한 Tip'만 찾아 읽는 것이다.

p.s 3
'못다 한 이야기'는 오프라인에서 계속될 예정이다.

Chapter 3

상대의 마음으로 한발 다가서기

_ 얽히고설킨 관계의 실마리를 푸는 공감 노하우

Chapter 4

부드럽게, 따뜻하게, 명료하게
_ 마음을 안아주고 관계를 회복시키는 이기적 소통의 기술

Chapter 5

말하지 않아도 알 수 있도록
_ 언어만큼 중요한 비언어적 소통 요소

Chapter 1

마음이 아파
견딜 수 없나요

〔 1 〕

이렇게까지 살아야 할까

##

"

가족이라는 울타리 속에서
주고받는 상처들

"

"팀장님이 저한테 지적을 할 때마다 화가 나서 견디기가 힘들어서 회사를 그만두고 싶어져요."

강의를 마친 내게 미진 씨가 찾아왔다. 30대인 그녀는 회사에서 꽤 실력을 인정받고 있는 과장이었다. 그 회사에 여러 번 강의를 가서 경영진과 친분이 있고 미진 씨와도 몇 번 인사를 나눈 적이 있는데, 그날 들은 이야기는 뜻밖이었다.

"업무를 진행하다 보면 팀장님에게서 지적을 받을 수도 있을 텐데, 그런 말이 많이 불편하시다는 거죠? 왜 그럴까요?"

미진 씨는 한숨을 내쉬며 자신이 불편해하는 사람은 비단 팀장뿐이 아니라고 털어놓았다. 자신에게 잔소리를 하는 사람이라면 그게 누구든 싫어지고, 잔소리를 들을 때마다 미친 듯이 화가 난다는 것이다. 잔소리를 하는 사람에게도 화가 나지만, 자기 뜻대로 일이 되지 않을 때도 분노가 치민다고 했다. 그녀의 가슴속에 들끓고 있는 분노의 원인을 알아야겠다는 생각이 들어 좀 더 대화를 청했다.

미진 씨의 이야기를 따라서 시간을 거슬러 올라가 보니 그 끝에 서 있는 건, 어린 시절의 미진 씨였다. 그녀는 엄격하고 통제적인 부모 밑에서 자랐다. 그분들은 딸을 사랑했지만, 사랑의 감정을 온전히 보여 주는 방법은 모르셨던 것 같다. 미진 씨가 실수나 잘못을 저지를 때마다 엄하게 혼을 냈고, 우등생인 오빠와 번번이 비교했다고 한다.

"넌 왜 이것도 못 하니? 아무래도 머리가 나쁜 것 같아. 오빠 반만이라도 닮아봐."

부모로부터 사랑받지 못한다고 느낀 미진 씨는 자신의 감정과 생각을 모두 부정당하는 듯한 기분이 들었다. 외로운 자신이 항상 초라해 보였고, 부정적인 감정이 누적되면서 분노도 함께 쌓여 갔던 것이다. 처리하지 못했던, 아니 처리할 수 없었던 감정은 아주 작은 자극에도 쏟아질 듯 넘실거리고 있었다.

미진 씨의 이야기를 들으며, 서글프게도 내 어린 시절이 떠올랐다. 우리 부모님도 자녀들을 사랑했지만, 불안과 염려가 많은 성품이셨다. 그런 탓인지, 어린 시절 부모님으로부터 칭찬을 받아본 기억이 거의 없다. 학교 시험에서 100점을 맞아서 신이 나서 가져 가면 "시험이 쉬웠나 보네."라는 말을 듣기 일쑤였고, 상장을 들고 가도 "상을 후하게 줬나 보네."라는 반응이 돌아오곤 했다.

부모님으로부터 칭찬과 인정을 받고자 했던 마음이 여지없 이 무너지고 나면, 나는 스스로에게 냉소적으로 생각하게 되었던 것 같다. '난 잘하는 게 없는 아이일까.'라는 의문을 항상 품고 살았 다. 훗날 심리학과 소통을 공부한 연후에야, 어릴 적 부모님으로부 터 받은 상처 때문에 내가 자존감이 낮은 사람으로 성장했다는 사 실을 깨달을 수 있었다.

심리학 공부를 하던 당시, 오스트리아 출신의 세계적인 정신 의학자 알프레드 아들러의 아버지 이야기를 접하고 감동을 받은 적이 있었다. 아버지는 자녀들 중에서 몸집이 작고 성장이 더뎠던 알프레드가 위축되지 않고 당당하게 성장할 수 있도록, 아들의 장 점을 끊임없이 일깨우면서 마음의 에너지를 만들어 가는 법을 알 려주었다고 한다. 나도 어릴 때 이런 말을 들었더라면 얼마나 좋았 을까 하는 부러움과 속상함을 담아서, 부모님께 어린 시절의 나에 게 부정적으로 말씀하셨던 이유를 여쭤보았다.

그런데 부모님은 정작 어린 자녀에게 어떤 말씀을 하셨는지 잘 기억하지 못하셨다. 수십 년을 아픔으로 품고 있었던 일들인데

'기억나지 않는다'는 답변에 또다시 상처를 받은 나. 다음 순간, 이어진 말씀이 마음에 와닿았다.

"아마 내가 말하는 법을 제대로 못 배운 탓일 거야."

고개가 절로 끄덕여졌다. 맞다. 부모님은 잘 몰라서 그러셨을 거다. 사실 우리가 살면서 말 잘하는 법을 배운 적이 있었던가. 요즘 세상이니까 소통 강의, 대화법 강의 등이 유행하는 거지, 수십 년 전에는 말 잘하는 법을 배울 기회가 전혀 없었다. 그래서 느끼는 대로, 생각하는 대로 말을 건넸다가 의도치 않게 상처를 주게 되었던 게 아니었을까. 또한 엄격하고 부정적인 성향이 강한 부모님의 성품도 일정 부분 영향을 미쳤으리라.

아마 우리 부모님을 포함해 대부분의 사정은 비슷할 것 같다. 일부러, 의도적으로 상대의 마음을 할퀴고 물어뜯겠다고 말하는 사람이 과연 얼마나 될까. 만약 고의성이 있다면 그동안 자신의 감정이 외면당했다고 믿게 되어 서운함이 폭발한 것인지도 모르겠다. 단지 자신의 생각과 감정을 어떻게 표현해야 하는지 그 방법을 몰랐기 때문일 것이다.

부모님의 말씀은 단 한 문장이었지만, 내게 큰 위로가 되었다. 물론 그 말로 인해 모든 상처가 사라진 건 아니었지만, 극복하고자 노력하는 계기가 되었다고나 할까. 부모님에게 들었던 말을, 나는 미진 씨에게 건네주었다. 부모님은 당신을 정말 사랑했지만,

단지 그 마음을 표현할 줄 몰랐을 뿐이라고. 부정적인 표현들 때문에 미진 씨로서는 그분들의 진심 어린 사랑과 염려를 느끼기 힘들었을 거라고.

미진 씨는 복잡해진 표정으로 말없이 나를 바라보았다. 그녀에게 유년기의 상처에 관해 부모님과 차분하게 대화를 나눌 것을 권했다. 부모님으로부터 받은 마음의 상처를 치유하는 가장 좋은 방법은, 부모님이 내 감정을 알아주시는 것이다.

인생에서 가족은 절대적인 존재이다. 특히 아이에게 부모는 우주나 다름없다. 가족으로부터 상처가 되는 말을 들었을 때 더 크게 마음이 무너져 내리는 건 이 때문이다. 부모는 나의 무의식 속에서도 함께하고 영향을 주는 존재이므로, 바람직하지 못한 감정 표현을 주고받게 되면 삶 전체가 영향을 받을 수 있다.

반면에 어려서부터 가족이라는 울타리 속에서 행복하게 자란 아이들은 건강한 자존감을 키워가고, 세상에 대해서도 긍정적인 시각을 갖게 된다. 부모가 자신을 지지하고 사랑해주며 자신감을 쏟아붓는 만큼, 건강하고 행복한 성인으로 성장한다.

많은 이들이 가족이니까 편해서, 내 마음을 다 알 것 같아서, "그냥 말했다."라고 한다. 가족은 나와 가장 가깝고 나와 '동일시'되는 존재여서 스스럼없이 말하게 되는 듯하다. 가장 믿음직스럽고 편안해야 하는 울타리 안에서 날카로운 칼날과 다름없는 말들이 난무한다. 그 속에서 우리는 숱하게 마음의 상처를 주고받는다. 때때로 어떤 상처들은 쉬이 극복하기 어려울 정도로 깊은 흉터를 남긴다.

가족이야말로, 내가 올바른 태도를 갖추고 한마디 한마디 정성스럽게 건네야 하는 대상이다. 사랑한다면 느끼는 감정 그대로를 오롯이 표현해야 한다. 가족에게서 받은 사랑과 신뢰의 감정을 담은 표현들은 우리가 하루하루 살아가는 에너지가 되기 때문이다.

"

당장이라도
때려치우고 싶은데

"

"됐고요! 책임자 나오라고 하세요."

"고객님, 비행기가 이륙했기 때문에 고객님 말씀을 확인하기 어렵습니다."

승무원은 진땀을 흘리며 승객을 진정시키려 애썼지만 승객은 막무가내였다. 가방이 커서 기내로 가져오면 안 된다고 하여 짐칸에 실었는데, 어떤 승객이 비슷한 크기의 가방을 들고 탔다는 것이 그의 불만이었다.

"똑같은 가방인데 누구는 되고 누구는 안 되고, 사람 차별하는 거냐고!"

승무원들이 승객들을 차별할 이유가 없고, 불만을 토로하는 승객의 기억이 정확한지도 장담할 수 없었다. 그러나 그는 아무리 승무원들이 설득해도 물러서지 않고 목소리를 높였다. 결국 승무원들이 그 승객으로부터 지목당한 사람을 찾아가서 '캐리어의 크기가 다르다'는 점을 확인한 뒤에야 상황이 종료되었다. 지목당한 승객이 불쾌감을 표현했던 것도, 문제의 승객이 태도를 바꾸는 데 영향을 미쳤다.

이런 사례들은 항공사 승무원들을 대상으로 한 강연에서 흔하게 접하는 유형이다. 나 또한 과거 승무원 시절 숱하게 겪었던 일들 중 하나이다. 이 사례처럼 말도 안 되는 주장을 하는 사람, 반말하는 사람, 추근대는 사람, 내가 누군지 아느냐며 위세 떠는 사람 등등, 그 유형도 가지각색이다.

이런 일을 겪으면 얼굴은 홍당무처럼 상기되고 가슴이 답답해지며 직업적인 자긍심은 저만치 사라지고 만다. 특히 입사한 지얼마 안 돼 의욕이 넘치고 생기발랄한 신입 승무원들은 심리적 타격이 크다. 하늘을 나는 비행기를 볼 때마다 설레어 두근거리던 심장은, 입사 100일이 채 지나지 않아 비행기를 타기 싫어서 두근거리게 된다.

스트레스의 정도는 사람마다 차이가 있다. 정말 심하게 스트레스를 받는 이들은 몸에도 반응이 온다. 두통, 가슴 두근거림, 메스꺼움, 구역질 등의 신체 증상을 겪는 것이다. 승무원으로서의 자긍심이 누구보다 높았던 나도 그랬다. 비행 가기 전날부터 몸이 아프고 마음이 무거워졌다. 그렇지만 당장 때려치울 수 없었다. 돈을 벌어야 했기 때문이다. 생계를 해결하고, 결혼을 위한 자금을 모아야 했다. 승무원 월급은 괜찮은 편이었기에, 다른 직장을 찾는다고 해도 여기서 만난 '진상' 고객을 또 만나지 않는다는 보장이 없다는 것도 쉽사리 사표를 쓸 수 없었던 이유 중 하나였다.

힘들어 죽겠지만 어쩔 수 없이 회사를 다니는 것이 누구 한 사람만의 문제일까. 많은 직장인들이 가슴에 사직서를 품고 다닌다. 이는 자영업자들도 마찬가지이다. 소통 교육을 하면서 만난 사장님들은 "매일 밤, 셔터를 내리고 그만두는 꿈을 꾼다"며 어려움을 토로했다.

출근하는 길에 퇴근하고 싶고 지금 당장이라도 사직서를 내도 이상할 게 없다. 그럼에도 쉽게 그만두지 못하는 이유는 '먹고살아야' 하기 때문이다. 생계는 생존과 직결되는 중차대한 문제이다. 힘들다고 일을 그만두면 삶도 앞으로 나아갈 수 없다. '그만두고 다른 일을 하면 되지.'라고 단순하게 생각할 수 없는 이유는 다른 일(혹은 다른 직장)을 찾는다고 해서 안 힘들 거라는 보장이 없기 때문이다. 무작정 때려치우는 것보다는 지금 나를 힘들게 하는 원인을 찾아서 해결하려고 노력하는 게 더 나을지도 모른다.

그렇다면 일터에서 우리를 괴롭히는 건 무엇일까. 직장인 1,225명을 대상으로 '직장인과 스트레스'에 관해 조사한 결과(2020년 〈벼룩시장〉 구인 구직 조사 참조), 전체 응답자의 86.7%가 직장생활을 하면서 스트레스를 받은 적이 있다고 답했다. 직장인의 스트레스의 원인 1위는 '상사·동료와의 인간관계'(25.2%)였으며, 그 외에 '과도한 업무량'(23.7%), '낮은 연봉'(13.1%), '상사·고객·거래처의 갑질'(9.9%), '성과에 대한 압박'(8.9%) 등이 뒤를 이었다(출처: 「직장인들의 스트레스 원인 1위는?」, 〈매일경제신문〉 2020.7.4.).

조사 결과를 보면 직장인들이 겪는 스트레스의 주요 원인이 '인간관계'임을 확인할 수 있다. 직장인들은 하루에도 수없이 상사, 동료, 고객 등을 대하면서 몸과 마음의 에너지를 소모한다. 인간관계에서 오는 스트레스가 높은 만큼, 이것을 잘 관리할 수만 있다면 어려움이 줄어들 것이다. 업무 내용과 관계없이 사람 때문에 힘들면 포기하고 싶어지지만, 반대로 업무가 좀 힘들어도 함께하는 사람들과 관계가 좋으면 서로 위로를 주고받으며 힘을 얻을 수 있다.

인간관계 속 스트레스를 잘 관리하는 첫걸음은, 내 자존감을 보호하는 것이다(자존감과 자존심은 언뜻 비슷해 보이지만, 그 쓰임이 다르다. '자존감'은 스스로를 존중하는 마음이고, '자존심'은 타인으로부터 나 자신을 지키고 존중받는 마음이다.). 타인으로부터 싫은 소리를 듣는 게 무서워서 무조건 상대의 비위를 맞추는 사람들도 있는데, 이는 좋은 방법이 아니다. 상대의 부정적 평가나 무례한 태도에 끌려가기보다, 브레이크를 걸어서 나를 구출해낼 줄 알아야 한다. 스스로를 지키고 존중해야 직업적인 자긍심을 지킬 수 있고, 마음의 에너지를 빼앗기지 않을 수 있다(자존감을 지켜 나가는 방법에 대해서는 뒤에서 좀 더 다룰 예정이다.).

서비스업에 종사하는 사람이라 하더라도 고객과 자신의 관계를 수직적인 관계가 아니라 수평적인 관계로 인식하고 예의를 지키되 당당한 태도를 유지하도록 노력해야 한다. 스스로를 지켜 나가면 마음이 평온해진다. 그리고 그런 마음을 지녀야만 비로소 진짜 품격 있는 태도로 고객과 소통하는 것이 가능해질 것이다.

66

헤어질 수 없다면
살아내야 한다

99

몇 해 전, 독서 모임에 초대된 적이 있다. 분위기가 좋고 구성원들이 반겨주는 데다, 별다른 취미생활도 없던 터라 정식으로 참여했다. 본래 낯을 좀 가리는 편인데, 마음 맞는 사람들과 어울릴 자리가 생겼다는 게 퍽 반갑고 기뻐서 모임 때마다 열성을 보였다. 그런데 처음에는 즐겁기만 하던 모임이 차츰 불편해지기 시작했다.

새롭게 모임 회장으로 선출된 이의 운영 스타일이 그 원인이었다. 신임 회장은 사람들끼리 친하게 지내는 데에는 '음주가무'만한 게 없다며 모임이 끝날 때마다 술자리를 만들었다. 번번이 술자리를 갖게 되니까 회비가 금세 동이 났다. 그전까지 회비의 주요 사용처는 책과 관련된 문화 활동이었는데, 이제는 술값으로 바뀌게 된 것이다. 식사에 가볍게 반주를 곁들이는 정도가 아니라 완전히 술자리 분위기가 조성되어, 한번 모임에 참여하면 억지로 술을 마셔야 하는 게 불편했다. 만취한 구성원들 때문에 예상치 못한 해프닝도 생겼다.

모임을 가야 하나 말아야 하나 고민스러워졌다. 나처럼 고민하다가 조용히 모임에서 사라지는 이들이 하나둘 생겨났다. 그동안 대화가 잘 통했고 참 좋은 사람들, 참 좋은 분위기였기에 포기하기에 너무 아까웠다. 다시 본래의 모임 취지로 돌아가면 좋겠다는 바람에서 용기를 내어 회장에게 건의해 보았으나, 회장은 사람 좋은 웃음을 지으며 거절했다. 그날 집으로 돌아오면서 나도 모임에 그만 나가야겠다고 결심했다. 나름대로 '헤어질 결심'을 한 것이다. 속상했지만, 더 이상 버티기가 힘들었다.

비슷한 경험을 아들에게서도 들었다. 대학 시절, 몇몇 친구들과 밴드를 결성했는데, 한 친구가 곡 선정을 자기 의도대로 하려고 고집을 부렸다는 것이다. 아들은 고민에 빠졌고, 결국 입대를 앞둔 친구들이 있다는 이유를 들어 밴드를 탈퇴했다. 다들 비슷한 불만을 가진 데다, 입영 문제가 걸려 있었기에 밴드는 별다른 반대 의견 없이 해체되었다. 아들은 한편으로는 아쉬워하면서도, 마음이 안 맞는 사람과 함께하는 게 얼마나 어려운 일인지 톡톡히 체험했다며 고개를 내저었다.

살면서 우리가 맺는 인간관계는 운명적인 것들도 있지만, 필요나 목적에 의해서 만들어진 것도 있다. 그런 관계는, 말 그대로 우리의 필요가 채워져야 하고 목적이 달성되어야 유지될 수 있다. 만약 필요나 목적이 어긋나면 스트레스를 받으며 괴로워하게 된다.

인간관계에서 소통이 잘 안 되면 마음이 괴로워진다. 난 사람들로부터 이런 이야기를 들으면 조심스레 선택지를 하나 제시한다. '헤어질 수 있다면 헤어질 결심을 하라'는 것이다. 인간관계 유지라는 게 본질적으로 자신을 위한 일인데, 만남 자체가 고통이라면 굳이 그 고통의 길을 계속 가는 게 의미가 있을까.

어찌 보면 우리가 맺는 인간관계는 다음 두 가지로 나뉘는 게 아닐까. 헤어져도 되는 관계, 그리고 헤어지고 싶어도 헤어질 수 없는 관계. 헤어질 결심을 해도 되는 관계라면, 서로 원망을 남기지 않고 잘 헤어지면 된다. 잘 헤어지는 방법이란, 상대와의 관계를 지속하기 어렵다는 현실의 한계를 담담히 인정하되, 자신의 상한 감정을 상대에게 퍼붓지 않는 것이다.

그러나 우리를 고민하게 하는 관계는 대개 헤어지고 싶어도 그러기가 쉽지 않은 관계이다. 가족(먼 친척이나 얼굴도 모르는 가족은 예외이다.), 자녀, 배우자(이혼이란 선택지가 있지만, 쉬운 선택지는 아니다. 그러나 나의 안녕과 목숨에 위협을 가하는 배우자라면 헤어져야 한다.), 직장 동료나 상사, 고객 등, 이런 관계들은 그것이 운명적이든 의지적이든 간에, 헤어지고 싶어도 헤어지기가 쉽지 않다.

이럴 땐 어떻게 해야 할까. 헤어질 수 없다면 살아내야 한다. 잘 지낼 수 있는 방법을 찾아내야 한다. 내가 불편해하거나, 나에게 큰 피해를 끼친 상대가 소리 소문 없이 떠나거나 '천벌'을 받는 것은 드라마와 영화 속 스토리일 뿐이다. 우리가 처한 현실은, 나를 괴롭히거나 불편하게 만들거나 피해를 주는 이들과 꽤 오랫동안 살아가야 한다는 것이다.

그렇기에 내가 선택해야 하는 건 '잘 지내는 방법을 찾는 것'이다. 텔레비전 프로그램을 통해서 배우든, 소통 전문가의 강의를 듣든, 지금처럼 소통에 관한 책을 읽든 간에 말이다. 어떤 방법을 선택하든 중요한 것은 '나에게 괴로움을 주는 사람'과 반드시 잘 지내보겠다는 목표와 의지이다. 목표와 의지만 있다면 관계를 개선시킬 수 있고, 더 나아가 행복한 소통을 할 수 있는 가능성이 열려 있다. 아주 활짝, 시원하게!

이기적 소통을 위한 Tip _____

- 가족과의 소통 때, 온 마음을 다해 상대가 내게 소중한 사람이란 걸 표현할 것. 말하지 않으면 절대 모르므로 반드시 표현해야 한다.

- 만약 가족으로부터 상처를 받았다면, (시간이 많이 지났다 하더라도) 대화를 나눠볼 것을 권한다. 감정적으로 터뜨리는 것은 절대 금물! 자신의 감정을 차분하고 솔직하게, 예의를 지켜서 표현해야 한다.

- 부모와 자녀 간의 소통 방식은 특히 자녀의 일생에 영향을 준다. 그런 만큼 부모는 자녀에게 느끼는 사랑의 감정을 온전하게 드러내 보여야 한다. 마치 순간적으로 느끼는 부정적인 감정이 전부인 양, 자녀에게 전달해서는 안 된다.

- 직장 내 인간관계에서 지켜야 할 것은 내 자존감이다. 자존감을 보호하고 지켜나가는 바탕 위에, 타인에 대한 존중을 더하는 것이 건강한 인간관계의 첫걸음이다.

- 서비스업 종사자라고 하더라도 고객과 자신의 관계를 수직적이 아닌 수평적 관계로 인식하고, 예의를 갖추되 당당한 태도를 유지하도록 하자.

- '헤어질 결심'이 어려운 관계라면, 배워서라도 '함께하기 위한 결심'을 해야 행복할 수 있다.

〔 2 〕

그럼에도 관계를 포기할 수 없는 이유

##

66

그 무엇보다 소중한 존재

99

"남편이 퉁명스럽게 말할 때마다 눈치가 보여요. 또 내가 뭘 잘못했나 해서요."

"엄마가 한번 화를 내시면 좀처럼 안 풀어지세요. 어떻게 해 야 좋을지 모르겠어요."

"아이가 방문을 닫아걸고 나오지 않아요. 닫힌 방문을 바라보 면 눈물이 나요."

엉켜버린 관계로 고민하는 분들은 하나같이 상대의 눈치를 보곤 한다. 상대의 기분을 풀어주기 위해 이런저런 노력을 해보지 만 상황은 나아지지 않는다. 좌절감과 죄책감에 자신을 채찍질하 다 보면, 어두운 수면 밑으로 계속 가라앉는 것만 같단다.

잘 해보려다가 관계가 엉켰을 때, 상대보다는 자기 탓을 하면 해결이 더 힘들어진다. 예컨대 내가 말을 잘못해서, 무신경해서, 표현이 서툴러서 상대의 마음을 상하게 했다는 식이다. 물론 실제로 내 잘못이 커서 그 바람에 관계가 꼬여버렸을 수도 있다. 자신에게 잘못이 있다면 돌아보고 자기 성찰을 하는 것은 관계 개선을 위해 중요한 태도이다.

문제는 꼬여버린 관계에 매달리고 상대의 반응에 연연하다가, 내 마음을 놓쳐버린다는 데 있다. 상대의 마음만큼 상한 자신의 마음을 돌아보지 못해 무방비 상태로 버려둔다. 그래서 막상 상대의 마음이 회복된 후, 미처 돌아보지 못했던 내 마음이 괴상하게 바뀌었다는 걸 뒤늦게 알게 된다. 엉뚱한 순간에 불쑥불쑥 괴상한 감정이 터져 나오는 걸 보면서 말이다. 이렇게 악화되기 전에 먼저 내 마음을 함께 살펴보았더라면 어땠을까.

그동안 수많은 소통 문제를 접해오면서 뼈저리게 느낀 점은 '나를 귀하게 여기고 내 자존감을 지키는 것'이야말로 건강한 관계를 위한 첫걸음이라는 사실이다. 이 세상에서 내가 가장 소중하게 여겨야 할 사람은 누구일까. 누군가는 '자녀'라고 답할 것이고, '배우자'나 '부모님', '친구'라는 답변도 나올 것이다. 하지만 이 답변들은 모두 틀렸다. 내가 최고로 귀하게 여겨야 할 사람은 바로 '나 자신'이다. '나'의 존재가 가장 소중하다는 것을 한시도 잊지 않는다면, 우리는 매 순간 매우 지혜로운 선택을 할 수 있다. 내가 온전히 평온하고 힘이 있어야만, 타인과의 관계도 행복하게 유지할 수 있다. 한마디로 나부터 행복해야 타인과도 행복할 수 있는 것이다.

그러면 나는 어떨 때 가장 행복할까? 서울대학교 심리학과 최인철 교수의 행복론을 빌어 행복의 세 가지 조건을 짚어 보자.

첫째, 자유로운가.

둘째, 유능하다고 느끼는가.

셋째, 관계가 좋은가.

자유롭게 내 마음대로 무언가를 할 수 있는 환경에 있고, 자신이 유능하다고 느낄 만한 성과를 거두며, 함께하는 사람들과의 관계가 좋을 때 우리는 행복감을 느낀다는 뜻이다. 스스로에 대한 자존감, 타인의 시선으로부터 내가 존중받는 자존심 모두 높기 때문이다.

반대로 자유롭지 않고, 무능감을 느끼고, 주위 사람들과의 관계가 좋지 않을 때 불행하다고 느낀다. 스스로가 초라해 보이고, 타인에게 인정받지 못하며 무시당한다고 느끼는 것이다. 그러면 마음이 슬퍼지고 불행해진다. 이때는 내 안에서 나를 지켜내는 에너지가 급격히 소모되면서 맥이 빠진다. 아무 일도 할 수 없고, 하기도 싫어진다. 그리고 나를 무시하는 듯한 상황이나 사람에 대한 분노와 저항이 시작된다. 자존심이 상하고 불행한 감정을 안겨주는 상황이나 사람에 대해 거부감이 심해진다. 내 마음이 이렇게 바뀌면 상대는 어떨까. 역시 마음이 좋지 않게 바뀔 것이다. 결국 행복한 이는 아무도 없으며, 모두가 불행해진다.

이렇게 되지 않으려면 어떻게 해야 할까? 세상에서 나 자신이 가장 소중한 존재라는 사실을 잊지 않으면 된다. 내가 가장 소중하기에 먼저 내 자존심을 지켜야 한다. 내 자존심이 손상당하지 않으면 상대를 대할 때 예의와 배려를 지킬 수 있는 에너지가 있다. 뒤틀린 마음은 뒤틀린 표현을 낳는다. 그래서 열과 성을 다해 나의 자존심을 지켜내는 방법을 배우고 연습해야 한다.

이 세상에서 가장 소중한 나를 우선 지키면서 상대와 잘 지내는 방법이기에 나는 이를 '이기적 소통법'이라고 부른다. 내 자존심을 보호하고 상대의 마음을 배려하면서 좋은 관계를 이어나갈 수 있는 똑똑한 소통의 방법. 어떤 상황에서든지 '나'를 중심에 두고 이기적으로 소통하면, 내가 행복해질 수 있다. 그러면 관계가 안녕해진다. 함께하고픈 누군가와 오래오래 관계를 지속할 수 있게 된다.

나에게 폭풍 칭찬 해주기

어느 날, 후배에게 문자가 왔다. 주말에 아이들과 다녀온 만화가 허영만 화백의 전시회가 무척 인상적이었으니, 시간을 내어 꼭 가보라는 권유였다. 미술 전시회를 좋아하는지라 개인 일정을 조정해 전시회장을 찾았다. 입구에 도착했을 때 넓은 벽 한가운데 붙여진, 상대적으로 작지만 느낌은 강렬했던 한 장의 포스터가 눈에 띄었다.

'나는 허영만이다!!'

그 순간, 땅에서 발을 뗄 수 없었다. 문장에 담긴 작가의 자부심에 압도된 것이다. 나도 '나는 박보영이다!'라고 외칠 수 있을까. 그런 자신감과 자기 확신이 있을까. 이런 생각이 들자 괜히 마음이 위축되었다. 작품을 관람하는 내내 그 생각만 했다.

전시에서는 작품의 탄생 과정을 이해하기 쉽게 표현해 놓았다. 작가가 셀 수 없을 만큼 많은 밤을 지새우며 겪어낸 창작의 고통이 작품들에서 고스란히 느껴졌다. 보이지 않는 에너지였고, 강력한 자존감의 표현이었기에 깊은 감동을 받았다.

이 전시회를 계기로 나는 자존감이 얼마나 강력한 에너지가 될 수 있는지를 다시 한번 생각하게 되었다. 나를 당당하고 자신 있게 표현할 수 있는 사람은, 어려운 일이나 관계를 만나도 당황하지 않으면서 소통하고 관계를 만들고 유지하려는 자세를 가질 것이다. 즉, 자존감은 자신과 타인의 관계를 지켜내는 필수조건이자, 당당한 소통의 원동력인 것이다.

자존감은 이토록 중요한 역할을 하는데, 정작 그 활용에는 서툰 사람들이 많다. 소통 교육에서 자존감을 높이기 위해 '스스로에 대한 자랑 세 가지'를 말해 보라고 하면, 제대로 답변하지 못하는 사람이 꽤 많다. 상대에 대해서는 칭찬을 아끼지 않으면서, 정작 자신의 장점은 하나도 말하지 못하는 것이다. 이는 겸손을 강조하는 우리네 문화 탓일 수도 있지만, 그보다는 자신의 내면을 깊이 들여다볼 기회가 없었기 때문일지도 모른다.

앞서 언급한 바 있듯이, 자존감과 자존심은 그 쓰임이 다르다. 영어로 '자존감'은 self-esteem, '자존심'은 pride라고 한다. 물론 동일하게 self-esteem을 사용하는 경우도 있으나, 두 단어는 의미상 차이가 있다. 자존감은 '내가 나를 생각하는 마음'이고, 자존심은 '상대가 바라보는 나와 관련된 마음'이다. 즉, 자존감이 내 안의 문제라면, 자존심은 외부와의 관계에서 느껴지는 결과라고 할 수 있다. 여기서는 나 자신을 생각하는 '자존감'을 다루고자 한다. 자신을 위하고 타인과의 건강한 관계를 만들어 가는 첫걸음은 내 자존감을 높이는 것이기 때문이다.

자존감이 높은 사람은 외부의 공격에 크게 상처받지 않는다. 자존감이 막강한 방패가 되어 나를 지켜주기 때문이다. 갑자기 어려운 일이 생겨도, 상대하기 힘든 관계에서도 당당하게 대처한다. 어떤 선택을 했고, 어떤 노력을 했는지를 잘 기억하고, 그 결과에 책임을 질 준비가 되어 있다. 그렇기에 자존감이 강한 사람은, 타인이 나를 어떻게 보는지에 연연하지 않는다. 그 결과, 건강하게 자존심을 지킬 수 있다. 자존감은 자존심을 지킬 수 있는 '건강한 나르시시즘'이다.

흔히 나르시시즘(Narcissism)이라고 하면 자기애적 성격 장애라는 의미에서, 함께하기 몹시 불편한 사람을 연상하곤 한다. 어느 정신과 의사가 쓴 책에서, '나르시시즘은 어린 시절 부모에게조차 사랑과 인정을 받지 못한 아이가 스스로에게 사랑을 주고 인정하는 감정이 과도해진 것'이라는 설명을 읽은 적이 있다. 부모의 사랑과 인정이 인색했거나 혹은 지나치게 과도했다면, 아이는 스스로에게 과한 감정을 갖게 된다. 그러나 적절한 사랑과 인정을 통해 건강한 자존감이 형성된 사람은 자신에게 닥친 어려움을 슬기롭게 극복하면서 '건강한 나르시시즘'을 만들어 나간다. '건강한 나르시시즘'은 나를 지켜내고 매력적인 사회인으로 성장하게 돕는 에너지가 된다.

자존감이 높은 사람은 무언가 잘못되었을 때 바로잡기 위해 책임감 있는 행동을 한다. 하지만 자존감이 낮은 사람은 '내가 잘못을 한 게 있나? 이 일을 잘 해낼 수 있을까?'라는 생각에 주저하다가 '아니, 저 사람 잘못이야.'라며 타인을 탓할 수도 있다. 그런 주저함과 원망이 타인에게 노출되면 안 좋은 평가로 돌아오고, 그러면 자존심이 상해서 심리적으로 더 위축되고 고통스러워진다. 이처럼 자존감과 자존심은 서로에게 영향을 준다.

타인의 매서운 시선으로부터 자존심을 지켜내기 위해서 제일 먼저 해야 할 일은, 자존감을 높이는 일이다. 그러면 자존감은 어떻게 높일 수 있을까?

나도 가끔 자존감이 부족해서 마음 에너지가 바닥을 칠 때는, 약국에서 비타민 음료처럼 마음 에너지를 팔면 좋겠다는 생각을 할 때가 있다. 한 10병쯤 마시면 자존감이 쭉쭉 올라가서 아이언맨처럼 하늘도 날아다닐 만큼 에너지를 충전받고 싶은데, 현실적으로는 불가능하다.

비록 판타지 영화처럼은 아니지만, 다행히 방법이 없지는 않다. 세계의 유명한 석학들이 연구해온 '자존감 높이는 법' 중에서 몇 가지를 소개하고자 한다.

첫째, '자기규정 효과(self-definition effect)'를 활용하는 것이다. 자기규정 효과란 쉽게 표현하자면, '나는 이런 사람이야.'라고 규정해 놓으면, 그런 사람이 되기 위해 스스로 행동하게 된다는 것이다. 교육 현장에서는 이를 활용하여 자존감을 높이는 '셀프 토킹(Self Talking)' 활동을 하고 있다.

"나는 내 아이를 위해 화가 나도 흥분하지 않는 사람이야."

"나는 남편(아내)에게 따뜻한 격려를 잘하는 사람이야."

"나는 고객을 위해 먼저 웃으며 인사를 건네는 사람이야."

이를테면 이런 방식으로 자신이 변화하고자 하는 방향으로 문장을 만들어 반복하는 것이다. 날마다 아침저녁으로 해당 문장을 5~10번씩 반복하면 뇌에서 자신을 그런 사람으로 인식하게 되고, 이것이 행동의 기준이 되어 자연스러운 변화를 경험할 수 있다고 한다.

둘째, 아무도 보지 않고, 누가 시키지 않아도 내가 옳다고 선택한 행동을 하는 것이다. '나는 옳은 일을 하는 사람'이라는 믿음은 자존감을 올려줄 수 있다. 아무도 보고 있지 않아도 나는 내가 무엇을 했는지 알고 있기 때문이다. 대중교통에서 노약자에게 자리를 양보하는 행동, 무거운 짐을 들어주는 행동, 엘리베이터의 버튼을 누르고 기다려주는 행동, 퇴근하면서 회의실의 불을 끄는 행동 등등, 남들은 크게 신경 쓰지 않지만 옳은 일을 차곡차곡 쌓아가면, '나는 이런 사람이야!'라는 자기 확신이 더욱 튼튼해진다.

셋째, 내 강점이 무엇인지를 찾고, 그것을 열심히 칭찬해주는 것이다. 나에게 집중하여 '나는 무엇을 좋아하고 잘 해내는가.'를 알아내고, 내가 잘하고 자신 있는 것을 반복해서 성취감을 끌어올리면 자존감도 따라서 올라간다. 알고 보면 나는 엄청나게 많은 강점의 소유자인데, 바쁜 생활 속에서 그걸 의식하지 못하고 살아갈 뿐이다.

쉽게 기억이 나지 않는다면 시간을 내서라도 강점을 찾아내서 그걸 기록해 두어야 한다. 강점이라고 해서 대단하고 거창한 것을 써야 하는 게 아니다.

학생이라면 '매일 학교에 지각하지 않고 등교하기, 담배 안 피우기, 잠 잘 자기, 부모님 말씀 잘 듣기' 등을 쓰면 된다. 성인이라면

'매일 성실하게 직장에 다니는 것, 오늘 나 자신을 위해 맛있는 밥상을 차린 것' 등이 적당하다. 사소해 보여도 건강한 하루를 만드는 데 이바지한 행동이라면 뭐든지 좋다.

그리고 그걸 날마다 한 번은 읽어보면서 스스로를 칭찬해주면 된다. 처음엔 어색하겠지만 차츰 익숙해짐에 따라, 사그라들었던 자존감이 조금씩 자라나는 것을 느낄 수 있을 것이다.

66

자존감이 높으면
어떤 상황에서도 꺾이지 않는다

99

"선배님, 진짜 감동입니다. 저는 준비를 못 했습니다."

"아니야. 이건 매뉴얼에도 없는 거고, 내가 그냥 준비하는 거니까 마음 쓰지 말아요."

"그러면 저는 화장실 청소를 열심히 하겠습니다."

승무원으로 일할 때, 후배들의 존경을 한몸에 받는 '비행의 신' 선배가 있었다. 그는 항상 깔끔한 차림새를 유지했고, 앞치마 주머니에 행주를 넣고 다녔다. 업무 매뉴얼에는 전혀 없었던 사항이었다. 뭔가를 닦을 때면 키친 타월이나 휴지를 사용하면 되는 일이었는데, 선배는 매번 준비해 온 깨끗한 행주를 사용했고, 화장실 상태를 꼼꼼하게 체크했다. 내가 계속 따라다니며 "이거 제가 할게요."라고 말려도 발 빠른 선배를 당해낼 수가 없었다.

선배를 보면서 내가 느꼈던 건, 자기 일에 대한 강한 자부심이었다. 회사에서 인정받고 싶은 욕구도 있었겠지만, 그보다는 프로의 자세를 갖추려는 욕구가 더 강했던 것 같다. 일에 대한 선배의 마음가짐이 가장 돋보일 때가 고객을 응대할 때였다. 아무리 매뉴얼을 지키면서 일해도 고객들로부터 불만이 접수될 때가 있다. 정당한 불만을 제기하며 해결을 원하는 고객들도 있지만 까다로운 고객, 끊임없이 불평불만을 늘어놓는 고객들도 있다. 후자의 경우라면 당황스러워 모두 피하고 싶어 하는데, 선배는 절대 그런 법이 없었다.

선배의 주특기는 화난 고객을 진정시키는 것이다. 고객들의 불만을 일사천리로 해결하고 긍정적으로 마무리 짓는 것은 물론이고, 어떤 상황에서도 "내가 가볼게."라며 자신감 있게 나서는 모습이 존경스러웠다.

어느 날, 있는 대로 짜증을 내던 고객을 상대로 시종일관 상냥하게 대화를 나눈 선배에게 이렇게 물어보았다.

"고객이 뭐라고 하셨어요? 화가 많이 나셨던데."

"두통이 심해서 그러셨더라고요. 약을 가져다드리기로 했어요. 기다려주신댔어요."

"그랬군요. 그 말씀은 안 하시고 짜증만 내시니 몰랐어요."

어떻게 저렇게 대처할 수 있을까. 도대체 뭐라고 했기에 고객이 순한 양으로 변했을까. 그때는 정말 이해하기 어려웠는데, 시간이 지나 생각해보니 그 비결은 '빛나는 자존감'이었던 것 같다. 자기 일에 대한 자부심, 스스로에 대한 믿음으로 단단히 무장했기에 어떤 상황에서도 용감할 수 있었던 게 아닐까. 특별한 화술이 있었다기보다는, 문제를 해결할 수 있다는 자신감 있는 태도로 고객에게 믿음을 주어서 마음의 문을 열게 했을 것이다.

'나 스스로를 어떻게 생각하는가.' 하는 자존감은 외부로부터의 자극에 노출되었을 때 나를 지켜내는 에너지이다. 스스로 자신이 있으면 공격적이거나 비난하는 말을 들어도 흔들리지 않을 수 있다. 그러나 스스로가 부끄럽고 자신이 없으면 상대가 하는 단순한 질문에도 예민해질 수 있다. 본능적으로 나를 방어하고자 공격적인 태도를 취하면, 문제를 해결하지 못할 뿐만 아니라 상대와의 소통에도 실패한다. 그런 이유로 외부의 어떤 자극에도 흔들리지 않고 자존심을 지켜내려면 자존감부터 끌어올려야 한다.

한때 '중꺾마', 다시 말해 '중요한 것은 꺾이지 않는 마음'이라는 말이 유행했다. 원래는 〈리그 오브 레전드 2022 월드 챔피언십〉에 참가한 프로게이머 김혁규 선수의 인터뷰 기사 제목인데, 이후 〈2022 카타르 월드컵〉을 계기로 널리 알려졌다. 당시 포르투갈에

극적인 역전승을 거둬 16강 진출을 확정 지은 대한민국 선수들이 이 문구가 적힌 태극기를 흔들어서 화제가 된 것이다. 이 말이 많은 사람들에게 감동을 준 이유는, 어떤 어려움을 만나도 마음이 꺾이지 않는다면 희망이 있다는 걸 일깨워주었기 때문이다.

소통에서도 마찬가지이다. 자신을 믿을 수 있다면, 그 믿음을 계속 지켜나갈 수 있다면, 어떤 상황을 만나도 극복할 수 있다. 그렇기에 소통으로 인해 어려움을 겪고, 얽히고설킨 관계 때문에 고통스럽다면, 당장 눈앞의 상황에 몰두하기보다 한 걸음 물러나 내 마음부터 바로 세우는 '자존감 향상 프로젝트'를 실천해야 한다. 꺾여 버린 내 마음을 건강하게 바로잡을 때, 상대를 향한 이해와 배려의 마음이 싹틀 수 있고, 얽히고설킨 관계의 실마리도 찾을 수 있다.

이기적 소통을 위한 Tip _____

- 상대방과 건강한 소통을 하기 위한 첫걸음은 나 스스로를 소중하게 여기고 자존감을 키우는 것이다. 내 자존감이 튼튼할 때 타인과의 관계가 행복해지고, 소통도 즐겁게 완성된다.

- 자존감은 '나 스스로를 생각하는 마음', 자존심은 '상대가 바라보는 나를 인지하는 마음'이다. 자존감과 자존심은 서로 영향을 주고받는다. 타인의 평가로부터 자존심을 지키기 위해서는 자존감을 높여야 한다.

- 자존감을 높이는 방법은 세 가지가 있다. 첫째, 자기규정 효과를 활용한 셀프 토킹, 둘째, 자신이 옳다고 생각하는 일을 하는 것, 셋째, 자신의 강점을 찾아내고 그것을 열렬하게 칭찬하는 것이다.

- 자존감이 높은 사람들은 아무리 힘든 상황이 와도 당당하게 대처한다.

〔 3 〕

사람 때문에 울지만, 사람 덕분에 살아간다

소통의 뇌, 전두엽 이해하기

"모르겠어. 그냥 자꾸 눈물이 나."

문소리를 크게 내며 방으로 들어간 아들은 교복도 갈아입지 않고 벽에 기대어 앉아 소리 없이 눈물을 흘리고 있었다. 자기도 설명할 수 없는 감정에 당황하는 중2 남학생을 바라보며 걱정과 불안한 마음이 가득했다. 하지만 섣부르게 폭풍 질문을 했다가 입을 다물어 버리면 더 힘들어질 수도 있다는 생각에 어떻게 첫 마디를 건네야 하는지 가슴만 답답한 상태였다.

나는 비교적 아들과 소통을 잘하고 있다고 자부해왔다. 그러나 아들이 성장하면서 갑자기 화를 내거나 말문을 닫아버리고 지금처럼 아무 말도 건넬 수 없게 만들어 소통할 엄두도 나지 않게 하는 당황스러운 경험을 자주 하게 되었다.

『십 대들의 뇌에서는 무슨 일이 벌어지고 있나』의 저자 바버라 스트로치는 사랑스런 딸들이 10대가 되면서 수시로 감정적으로 부딪히고, 원활했던 소통이 꽉 막힌 불통이 되는 것을 경험했다. 딸들과 다시 행복하게 지내려면 어떻게 소통해야 하는지 고민하던 그녀는 기자 시절에 친분이 있었던 뇌 전문가들을 만나 '10대들의 뇌'를 공부한 후, 10대들의 행동을 이해하게 되었다. 10대는 감정을 조절하는 뇌의 부분이 미성숙되어 감정을 다루는 방법이 서툴고, 자기도 알 수 없는 감정에 휩싸여 힘들어하는 시기여서 그렇다.

감정을 조절하는 뇌 부위인 전두엽은 감정을 관리하여 '관계 맺기', '어려움 극복하기', '견디고 달성하기' 등 삶의 중요한 순간에 활약한다. 그런데 10대들은 이 전두엽이 완전히 성숙하지 않아 감정 관리에 서투른 것이다. 굴러가는 낙엽만 보아도 웃는다는 '사춘기'의 아이들은 굴러가는 낙엽이 왜 그리 웃긴지 설명할 수 없다. 그냥 웃긴 것이다.

전두엽은 20대 중반까지 성장한다고 한다. 육체는 성숙해도 감정을 조절하고 상황을 인지하여 행동을 선택하는 '철이 드는 시기'가 될 때까지는 시간이 꽤 걸린다는 이야기다. 전두엽의 미성숙으로 불안정한 감정은 소통을 방해하고, 함께하는 사람들과의 관계도 어렵게 만든다. 감정을 조절하는 뇌, 전두엽이 '함께하기'에 필요한 소통 능력과 깊은 관계가 있는 이유다.

감정과 관련된 전두엽에 대한 세간의 관심은 '피니어스 게이지' 사건으로 구체화되었다. 미국 버몬트에 사는 피니어스(1823~1860)는 철도 공사장에서 현장 감독으로 근무하던 중, 폭발 사고로 인해 쇠막대가 얼굴을 지나 머리를 관통하는 중상을 입었다. 그는 당시 뇌 손상 분야의 최고 권위자인 존 마틴 할로우(1819~1907) 박사의 치료를 받고, 한 달 뒤에 지인을 알아보는 정도로 회복할 수 있었다. 그러나 이때부터 '뇌와 감정 그리고 행동'의 관계를 연구하는 학자들의 관심을 끌 만한 극적인 변화를 보였다.

피니어스는 원래 성실하고 인내심 있는 청년이었다. 하지만 사고로 좌측 뇌 전두엽(frontal lobe)에 심각한 손상을 입은 이후, 걸핏하면 욕을 하고 화를 내는 바람에 철도 건설 일을 할 수 없게 되었다. 할로우 박사는 그의 회복 과정과 행동을 관찰하여 쓴 글에서, 전두엽이 성격, 그중에서도 인내심(자제력)과 관련이 있다는 연구 의견을 내놓았다. 많은 뇌 과학자들의 관심 속에 피니어스의 두개골은 사후에도 보관되었고, 1980년대에 들어서 다시 그의 두개골에 관한 해부학적 분석과 연구가 시작되었다.

우리는 여기서 100년이 지난 후에야 피니어스의 두개골에 관심을 갖게 된 것, 지금도 그의 두개골의 손상 부위인 전두엽과 그의 감정, 행동 변화에 대한 연구가 계속되고 있는 것에 주목할 필요가 있다.

전두엽은 사람의 감정 및 행동과 관련이 있는데, 이는 현 시대를 살아가는 우리가 관심을 가질 만한 문제이다. 과학 기술의 눈부신 발전에 힘입어 우리는 풍족하고 편리한 생활을 영위하고 있지만, 100년 전보다 더 행복하다고 자신 있게 말할 수는 없다. 행복에 대한 갈망은 몸의 편안함을 먼저 만족시켜 주었다. 그러나 비록 몸은 편안하지 않더라도 함께하는 사람들과의 관계가 안녕할 때 우리는 삶의 목표를 달성할 수 있고, 더 큰 행복도 느낄 수 있다. 이를 깨닫게 되면서 사람들은 진정한 삶의 행복을 위해 어떤 선택을 해야 하는지 관심을 갖기 시작했다.

행복한 삶을 위해 자신을 제어하는 능력, 그리고 소중한 사람과 함께하기 위해 소통하며 그들에게 함께하고 싶은 사람이 되어가는 과정은 우리에게 반드시 필요하다. 피니어스 게이지의 사고를 계기로 전두엽의 기능이 이 모든 것과 관련이 있다는 것을 발견한 과학자들은 전두엽의 기능인 감성 지능에 관심을 갖게 되었고, IQ로 만들어진 세상을 행복하게 살아가려면 EQ를 활용해야 한다는 것에 확신을 가질 수 있었다. 100년 동안 조용히 보관되어 있던 피니어스 게이지의 뇌가 다시 연구 자료가 된 데에는 이런 배경이 자리하고 있다.

감성 지능을 주로 담당하는 전두엽은 어떤 역할을 할까?

학자들은 21세기는 'IQ가 높은 사람보다 EQ가 높은 사람이 자신의 삶을 더 즐겁고 행복하게 살아갈 가능성이 높다'고 이야기한다. 우리의 삶이 행복하게 유지되는 순간은 자존심을 지킬 수 있을 때, 자존심을 지켜주는 사람과 함께할 때이다. EQ가 높을 때 행복하게 살아갈 가능성이 더 높다는 말은 전두엽, 즉 감성 지능을 담당하는 뇌가 자존심을 지켜내는 기능을 발휘한다는 의미이다.

학자들은 이 상황을 감성 지능이 뛰어난 사람이 지닌 세 가지 특징, 다시 말해 '이기적(selfish)이고 영악하고(clever/smart) 자기중심적(self-centered/egocentric)'이라는 것으로 설명하기도 한다. 전통적인 우리 문화에서 이 세 단어는 부정적 의미를 강하게 띠고 있다. 그래서 만약 상대에게 이 단어를 사용한다면, 관계에 문제를 일으킬 것이 분명하다.

그러나 감성 지능이 뛰어난 사람이 지닌 세 가지 특징 앞에는 'selfless', 즉 '이타심'이 포함되어 있다. 따라서 (selfless) selfish는 이타적 이기심, (selfless) clever는 이타적 영악함, (selfless) self-centered는 이타적 자기중심주의로 해석해야 한다. 어떤 순간에도 자존심이 상해 불행함을 느끼지 않기 위해서는 이타심을 발휘하여 상대와 상황을 분석하고 감정을 조절한 후, 가장 이상적인 결과를 선택하는 것이 바로 '감성 지능'이다.

내가 행복하기 위해 나와 함께하는 상대를 배려하기로 결정하고, 상황을 이해하기로 마음먹으며, 나의 목표를 위해서 상대와 상황에 공감과 위로를 표현함으로써 나를 돕도록 하는 작전이니 '이기적'이라는 단어로 표현한 것이다. 결국 소통의 진정한 목표는 상대와 상황을 포함한 '내 삶의 완전한 행복'인 것이다.

본격적으로 전두엽을 우리 삶의 행복과 연관시킨 학자는 대니얼 골먼이다. 하버드에서 심리학을 전공한 골먼은 저명한 심리학자 피터 샐로비와 존 메이어의 '감성 지능' 관련 논문들을 분석하여 1995년에 『감성 지능』이라는 저서를 발표했다. 그는 〈타임〉지 전면에 'EQ'라는 글자를 가득 채워 '이제는 IQ보다 EQ다. 타인과의 관계 속에서 살아가는 우리가 원하는 행복에 다다르기 위해서는 EQ를 활용해야 하기 때문이다.'라고 주장한 바 있다.

전두엽의 이야기는 그 이후 브라이언 헤어, 버네사 우즈가 집필한 『다정한 것이 살아남는다』(2021)에서 '함께하기 위해 진화한 전두엽'의 이야기로 방점을 찍는다. 이 저서는 '적자생존, 강한 것이 살아남는다, 이긴 것이 강한 것이다'를 뒤집는 '친화력'에 관한 연구를 소개하며, 친화력의 핵심 기술인 '협력' 그리고 이를 가능하게 한 '마음 이론' 모두의 중심에 전두엽이 있다고 말한다.

또한 우리는 '강함'이 아닌 '다정함'으로 생존하고 발전할 수 있었고, 현생 인류의 똑똑한 선택은 '함께하기 지능이 진화한 결과'라고 피력한다. 한 예로 '다정한 늑대-(개)강아지'의 연구를 소개하고 있다. 개의 조상인 늑대 중에서 함께하기 기술로 '가축화'(사람과 함께하기)를 선택한 '다정한 늑대 조상'은 개로 진화하여 지금까지 자자손손 엄청난 번식력으로 사람과 함께 살아가는 반면, 공격적이고 사나운 늑대로 남은 '까칠한 늑대 조상'은 멸종 위기종이 되었다. 한마디로 살아남기에 실패한 것이다.

전두엽은 정확히 말하면 신피질에서 진화한 두뇌이다. 진화의 순서로 따지면 가장 젊은 뇌이며 계속 성장할 수 있는 가능성도 포함하고 있다. '진화'는 생존하기 위한 필수적 단계인데, 똑똑한 신피질을 가진 원시 조상은 함께하기 위한 '협력'이 생존에 절대적 가치가 있다고 판단하여 전두엽을 진화시킨 것이다.

함께하기 위한 '협력'의 구체적 방법이 '소통 기술'이며, 자신 및 타인과의 소통을 성공적으로 완수하기 위해 능력을 발휘하는 뇌가 전두엽이다. 나는 이 책에서 IQ와 EQ의 개념을 설명하기 위해 신피질(IQ)과 전두엽(EQ)으로 구분하여 설명하고자 한다.

전두엽의 구체적 기능은 나의 감정을 아는 것(자기감정 인식)을 시작으로 감정을 조절(자기감정 조절)하고, 왜 조절해야 하는지(자기 동기화)를 확인하는 기능으로 삶의 목표를 달성하게 한다. 어떤 삶을 살고 싶은지, 어떤 목표를 이루어야 나의 자존심이 세워지고 행복한지를 정함으로써 뚝심 있게 밀고 나가게 하는 에너지를 만들어 낸다.

아울러 목표를 이루는 데 필요한 조력자가 나의 손을 잡도록 공감(타인 공감 이해)해 주며 유연성 있게 상황을 긍정적으로 정리하고 센스 있는 태도(사회 적응력)로 삶을 완성해 나가는 '인생 목표의 본부 기지' 역할을 한다.

전두엽 손실로 성격이 변한 피니어스는 마치 전두엽의 미성숙으로 질풍노도의 행동을 일삼는 10대들처럼 누군가와 함께하기 불편한 사람이 되었다. 함께하기 불편한 사람은 관계를 유지하기 어렵고, 협력이 안 되며, 소통이 불가능하다. 실제로 피니어스는 사고 이후 여러 직업을 전전하다가, 사회적으로나 경제적으로 고립되어 보호소에서 쓸쓸히 죽음을 맞았다.

오늘날 우리 사회는 1인 가구가 급증하면서, 혼자 사는 삶에 대해 못마땅하거나 불편한 시각으로 바라보지는 않게 되었다. 하지만 비록 가족이나 사회에서 만나는 사람들, 친구, 친지들과의 소통 부재로 인해 관계가 소원한 상태로 살아갈지라도 경제 활동은 해야 하는 것이 현실이다.

밥도 먹고, 캠핑도 가고, 여행도 하면서 원하는 삶을 유지하려면 돈을 벌어야 한다. 그런 이유로 직장에 다니는 사람은 동료와, 사업을 하는 사람은 고객과 '협력'해야 한다는 사실을 기억하고, 이러한 협력을 가능하게 하는 '소통의 뇌' 전두엽의 기능에 조금 더 관심을 기울여 보자.

66

이기적이면서도
타인을 배려하는 유연함

99

고객이 직원을 부르는 호칭은 다양하다. '저기요, 여기요, 혹시요, 근데요, 아가씨, 이모' 등등. 이때 중요한 것은 뉘앙스이다. 목소리의 톤이 마치 아랫사람을 부르는 느낌으로 들리면 직원은 혼란에 빠진다. 자존심을 상하게 했으므로 반항하고자 하는 마음을 갖게 되고, 당연히 친절히 응대해야 하나 이미 분노를 느껴서 마음을 내놓기 싫어진다.

반면 '저기요~'를 예쁘게 말하는 고객이 있다. 직원에 대한 존중과 배려가 느껴지는 목소리의 톤은 지나가는 길을 멈추고 되돌아가 고객의 요구를 최선을 다해 들어주고 싶게 만든다. 매뉴얼에 없는 서비스도 온갖 방법을 동원해 제공하고 싶게 마음을 흔드는 것이다.

위험하고 공포스러운 상황이 발생하였을 때 우리의 뇌는 정보를 활용하여 명령을 내리는 신피질보다, 감정을 느껴 본능적인 판단으로 행동을 선택하는 편도체(amigdala)가 더 빠르게 작동한다. 편도체는 신피질(대뇌 피질)보다 먼저 만들어진 뇌 구조, 즉 구피질(대뇌 변연계/원시의 뇌)을 구성하는 핵심 구조이다. 그리고 느낀 감정대로 생존 본능이 작동하도록 우리 몸을 움직이는 역할을 하는 '감정의 뇌(느끼는 뇌)'이다.

감정을 느끼는 뇌 부위인 편도체는 우리 몸의 '감정 알람 장치'라 할 수 있다. 공포, 불안, 위협 등의 감정이 느껴지면 정보를 총동원하여 '어떻게 하면 생존할 수 있지?'를 생각(신피질 사용)하는 것보다 훨씬 빠른 속도로 상황이나 상대에게 대응할 것인지, 도망갈 것인지(3F: Fight or Flight or Freeze response)를 선택(편도체 사용)하거나 그것도 아니면 꼼짝도 못하는 상황이 된다.

일단 살아야 하니 생각이고 공감이고 필요 없이 우선 한 대 맞받아치거나 튀어야 한다. 생존을 위해 급하고도 중요한 선택을 하는 것이다. 그러니까 더 신속하게 우리의 목숨을 지켜내는 역할을 하는 것은 '감정의 뇌'인 편도체이다. 이 순간, 신피질과 전두엽은 작동이 멈춘다(freeze)! IQ가 높은 멘사(Mensa, 지능 지수가 전체 인구의 상위 2% 안에 드는 사람에게 가입 자격을 주는 국제 단체) 회원도 순간적으로 바보가 되는 것이다.

그런데 생존을 위한 '감정 알람 장치'인 편도체는 치명적인 에러를 범하곤 한다. 감정을 느끼는 상황에 대해 '착각'한다는 것이다. 호랑이에게 죽임을 당할 뻔했던 원시인은 호랑이 비슷한 물체만 봐도 생각할 겨를 없이 도망친다. '호랑이인 줄 착각'한 행동이 정말 호랑이였을 때를 대비해 생명을 지켜낸 것이다. 자라 보고 놀란 가슴 솥뚜껑 보고 놀라는 격이다. 편도체의 에러인 '착각'은 이렇게 우리의 생존에 큰 역할을 하고 있다.

문제는 감정이 사람으로부터 느껴질 때이다. 상대가 실제로 칼을 들이대거나 절벽에서 밀어버리려고 할 때는 당연히 생존하기 위한 '감정 알람장치'가 작동한다.

그러나 일상생활에서 나를 무시하고, 모멸감을 주며 자존심을 상하게 하는 신호를 표현하면 감정의 뇌인 편도체는 위험한 '착각'을 한다. 때로는 돈이나 목숨보다 더 중요한 자존심을 건드렸기 때문에 나에게 몹쓸 짓을 했다고 흥분하며, 실제로 칼을 들고 있지 않아도 'Fight or Flight or Freeze response' 매커니즘, 즉 '싸우거나 도망치거나 꼼짝도 못하거나의 반응'을 작동시킨다.

편도체가 부정적 감성 신호로 흥분하여 반응을 보이고자 할 때는, 공격적이고 반항하며 핑계를 대고 자기 정당화를 한다. 자신을 지키려는 방어 행동이다. 심한 경우 강력한 육체적 반응(폭력)을 보이며 복수심을 갖고, 실제로 범법 행위(살인)까지도 불사하는 지경에 이르는 것이다. '너 죽고 나 죽자'의 전투가 막이 오르는 것이다.

정신 및 심리 관련 다큐멘터리에서, 누군가로부터 심한 욕을 듣거나 자존심이 상하는 상황을 경험하는 순간, 우리의 편도체는 상대가 칼을 들고 찌르고 있는 듯 착각하게 된다는 연구 결과를 접한 적이 있다. 실제로 칼을 들지는 않았어도 편도체는 칼에 위협당하고 있는 상황이라 '착각'하고 믿게 된다는 것이다.

'말로 사람도 죽일 수 있어.', '오늘 회의 때 팀장님이 나 여러 번 죽였어.'라는 표현은 실제로 죽인 것은 아니지만 그렇게 믿을 만큼 위협적으로 자존심이 상했다는 뜻이다. 함께해야 하는 사람, 나를 도와 내 꿈을 이루는 데 필요한 사람이 이렇게 자존심이 상해 전투적인 태도를 취하면, 관계는 망가지고 소통은 불통이 된다.

반면에 긍정적 감성 신호로 편도체가 평안하고 행복을 느끼는 경우에는 상황이 달라진다. 존중과 배려, 공감을 받고 있다고 느낄 때, 편도체는 즐거워지며 신피질과 전두엽, 즉 IQ와 EQ가 원활하게 작동하는 환경이 된다. 자신의 IQ에 저장된 정보를 활용해 이해하기, 추리하기, 분석하기, 판단하기, 기억하기 등의 기능을 작동시키고, EQ의 능력을 활용하여 공감하고 배려하며 유연한 사고로 원활하게 소통할 수 있게 된다.

내가 원하는 방향으로 관계를 유지하고 소통에 성공하려면 상대방의 편도체가 안녕해야 한다. 상대가 평안한 상태로 상황을 판단하고, 나를 배려하고 싶은 선택을 하면 내가 이득을 보는 것이다. 이타적 태도로 상대의 자존심을 지켜주어야 내가 원하는 결과를 가질 수 있으니, 들여다보면 볼수록 '이기적인 작전'이라고 해야 할까.

결국 '이기적 소통'의 핵심은 상대의 '감정 알람 장치'인 편도체를 평안하게 하는 존중과 배려, 공감의 신호로 소통해야 원하는 목표를 달성하게 된다는 데 있다. 손해를 보는 것이 아닌 진정한 이득을 갖게 되는 것이다. 그런 의미에서 나는 우리가 고객이 될 때 '충분히 친절한 착한 고객'이 되어 '이기적 소통'을 하라고 강조하고 싶다.

"지금 바쁘지 않아요. 조금 기다려도 돼요."라는 말로 직원의 시간을 존중해 줄 때, 직원은 '착한 고객'에게 받은 배려만큼 친절한 태도로 응대할 것이며, 때로는 '뜻밖의' 선물도 주고 싶어지고, 어려운 문제 해결을 위해 관리자를 설득할 수도 있을 것이다.

66

함께해야 행복하다

99

"혹시 라이터 있냐?"

영화 〈캐스트 어웨이〉(2000, 감독 로버트 저메키스)에서 주인공 척(톰 행크스 분)이 월슨에게 처음 건넨 말이다. 비행기 사고로 무인도에 고립된 척은 유실물에서 '월슨' 사가 만든 배구공을 발견한다. 그는 눈과 코를 표시하고 나뭇잎으로 머리카락을 달아 얼굴처럼 만든 뒤 '월슨'이라는 이름을 지어 준다.

무인도에서 생존하기 위해 사투를 벌이던 척에게 월슨은 둘도 없이 소중한 존재였다. 그는 월슨에게 넋두리도 하고, 불안과 고충을 털어놓다가 돌연 소리를 지르며 화를 내기도 한다.

어느 날, 월슨이 물에 빠져 떠내려갈 때 척은 목숨을 걸고 구하려 하지만 결국 놓치고 만다. 그는 이제 곁에 아무도 없다는 공포와 두려움을 느끼고 폭풍 오열을 한다.

윌슨에게 툭 던지듯 첫마디를 건넸던 척처럼, 우리는 본능적으로 함께할 누군가가 필요하다. 함께해야 비로소 자신의 존재를 느끼고 행복할 수 있다.

문제는 함께하는 방법이 서툴러 괴롭다는 것이다. 내가 EQ에 관심을 갖고 공부하게 된 이유도 바로 그것이었다. 함께 살아가야 하는 관계에서 받는 상처를 회피하기 위해 점점 더 고립시키는 삶이 행복하지 않았기 때문이다. SNS 등을 활용해 고객과 소통하고 나를 알리는 작업도 서툴러, 가끔 고객에게 찾기 어려웠다는 불평을 들으면서도 쉽게 세상에 나가기 어려워하고 있다. 그러나 나는 분명히 '함께하기' 과정에서만 나의 온전한 행복을 찾을 수 있다는 것을 알고 있다. 그렇기 때문에 '함께하기' 위한 '소통' 공부는 내가 행복해지기 위한 절실한 방법이다. 더 지혜로운 방법을 찾기 위해 지금도 계속 공부 중이다.

행복한 삶에 대한 기준은 개인마다 다르다. 돈, 건강, 명예, 명성, 가족, 봉사와 희생 등 각자 다른 기준으로 행복을 말하는데, 이 모든 것은 '함께'하고 축복해주며 인정과 찬사를 보내줄 그 누군가가 있을 때 완벽해진다. '함께하기'가 가능할 때 행복의 조건이 충족될 수 있다는 것, '함께하기'가 지속될 때 행복도 가능해진다는 것이다.

세계적으로 경제적 부를 누리는 사람들, 스포츠 스타나 연예인, 재벌가의 총수들 모두 돈으로부터 자유로워진 사람들이라 더 이상 경제 활동을 하지 않아도 될 것 같다. 그러나 지속적으로 세상으로 나와 활동하고, SNS를 통해 '함께하기'를 시도하는 것은 존재감을 느끼고 유능함을 인정받아야 비로소 행복하기 때문이다.

'함께하기'의 중요성과 관련된 관계적 단절(social rejection)에 대한 유명한 실험이 있다. 관계적 단절 실험은 퍼듀 대학교의 킵 윌리엄스 등이 고안해낸 '공 토스 사례(ball toss paradigm)'로, 세 사람이 공을 주고받는 놀이를 하다가 한 사람에게 공을 주지 않자 몇 분 만에 관계에서 배척당했다고 느낀 실험자는 분노와 슬픔을 보였다. 이 사례는 '사이버볼(cyberball) 실험'으로도 알려져 있는데, 사이버 상에서 공을 주고받는 놀이를 하다가 한 사람을 배제했을 때 fMRI 신경 영상(neuroimaging)에 나타난 두뇌의 반응 부위는 몸이 아플 때 활성화되는 부위와 동일했다. 헤어짐, 이별, 거절을 겪을 때, 즉 타인과의 관계가 단절될 때 우리 뇌의 AI(Anterial Insular, 전방 섬엽)와 dACC(dorsal Anterior Cingulate Cortex, 배측 전방 대상 피질)는 활성화되면서 마음의 고통을 느끼게 된다. 이 부위는 신체적으로 고통을 느낄 때, 즉 두통이나 질병으로 인한 고통을 느낄 때도 마찬가지로 활성화된다는 사실에 주목할 필요가 있다.

우리는 '함께하기'가 거절(관계가 단절)되었을 때 몸도 마음도 통증을 느낀다. 우리말에는 감정 상태를 몸의 반응과 연결하는 말들이 많은데, '속이 상한다', '복장(腹腸, 배, 창자)이 터진다', '화가 나서 환장(장이 뒤집어짐)하겠다', '속에서 천불이 난다', '걱정이 되어 애간장이 탄다', '열받아서 뚜껑(머리) 열린다' 등이 그것이다.

몸이 아프다는 것은 생존에 위협을 느낀다는 것이며, '함께하기'에 실패하면 그만큼 위험한 상황임을 감지한다는 것이다. '함께하기'를 어렵게 하는 불통(不通)은 우리 몸과 마음에 고통(苦痛)만 안겨줄 것이다.

우리는 누군가와 '함께'하는 상태에서 행복하고 즐거운 삶의 의미를 찾는 존재이다. '함께하기'를 통해 존재함을 확인하고 나의 유능함을 인정받으며 즐거운 시간과 공간을 나눌 때, 충분히 행복한 삶을 이어나갈 수 있을 것이다.

이기적 소통을 위한 Tip

- '함께하기'를 위해 진화시킨 '친화력'의 중심에 EQ(감성 지능)가 있다. '친화력'은 혼자 살 때도 필요하다. 돈을 벌 때 필요한 필수 능력이기 때문이다.

- 전두엽은 EQ를 담당하고, 행복한 삶을 위해 자존심을 지켜내는 막대한 임무를 수행한다.

- EQ가 발달한 사람은 자신의 행복을 위해 '(이타적) 이기심과 (이타적) 영악함, 그리고 (이타적) 자기중심주의'라는 지혜로운 선택을 한다.

- '함께'하기 위한 친화력은 '논리'가 아니라 '감정'에서 시작한다.

- 상대와 나의 감정의 뇌(편도체)를 평온하게 유지하는 것이 성공적인 소통의 핵심이다.

- 소통의 뇌인 전두엽이 미성숙하여 감정의 뇌(편도체)를 조절하는 데 실패하면, 관계가 힘들어지고 소통은 불통이 된다.

- 감성 공격을 받아 불행함을 느끼지 않고 직원과 성공적으로 소통하려면 '친화력을 발휘하는 고객'이 되자.

- '함께'여야 행복한 존재임을 매 순간 확인하자.

Chapter 2

상처받은 내 마음 들여다보기

'온전한 나'를 회복하는 법

〚 1 〛

'파충류의 뇌'에 지배당하지 않으려면

66

뱀이 사람의 말을
알아들을 수 있을까

99

'내가 몇 번을 말해야 해?'

'내 말이 말 같지 않아?'

'내가 말할 때 귓등으로 들은 거야?'

분명한 불통 장면이다. 상대에게 중요한 말이라고 강조했고 그 뜻이 충분히 전달되었다고 생각했지만 전혀 다른 행동을 할 때, 당황스러워하고 분노한다. 그래서 정보를 전달하는 과정에서 어떤 오류가 있었는지 확인하기 위해 다음과 같은 말로 소통을 이어가려고 해본다.

'내가 점심 먹기 전에 해야 한다고 말한 거 기억나?'

'주말에 생신 모임 있다고 말했잖아!'

하지만 이미 망가질 대로 망가진 상황은 더 망가지기만 할 뿐

상처받은 내 마음 들여다보기

71

이다. 대체 무엇이 잘못된 것일까?

컴퓨터는 내가 입력한대로 정확히 그 결과를 보여 준다. A를 입력하면 A를 보여 주고 1+1을 입력하면 정확하게 2를 보여 준다. 여기에는 한 치의 오차도 없다.

그런데 우리는 사람과의 소통에서 수시로 오차를 경험한다. 컴퓨터에 없는 '감정의 뇌' 편도체의 활약 때문이다. 생각보다 감정에 더 영향을 받는 우리의 뇌는 배가 고프거나 몸이 아프고 극도의 스트레스에 시달리고 있는 부정적 감정에 휩싸이면서 비상사태가 될 때는 상대방의 상황이나 감정을 고려할 수 없게 된다.

특히 가장 부정적 감정 상태인 자존심이 상하게 하는 사건이 있었다면 앞뒤 안 가리고 공격의 칼을 휘두르며 정보를 다루는 IQ(지적 지능)도, 감정을 조절하는 EQ(감성 지능)도 작동을 멈추고, 파충류가 된다. 원시 조상의 뇌보다도 더 원시적인 동물의 뇌인 '뇌간'만 사용하게 되는 것이다.

『뱀의 뇌에게 말을 걸지 마라』의 저자 마크 고울스톤은 우리가 부정적으로 흥분하면 뱀의 뇌가 되어 사람의 말을 못 알아듣게 된다고 한다. '뱀의 뇌'로 설명되는 파충류의 뇌는 동물의 뇌인 '뇌간'을 말하며, 생존 본능을 위한 명령만 수행한다.

생각하거나 느끼는 기능 없이 생존을 위한 본능적인 행동, 즉

숨을 쉬고, 먹고, 자고, 공격하고, 도망가는 등의 행동만 하는 것이다. 엄마 뱃속에서 아기의 뇌는 인류의 뇌가 진화한 순서대로, 즉 '뇌간(파충류의 뇌) → 편도체(변연계/구피질) → 신피질(그리고 전두엽)'의 순서로 만들어지는데, 우리의 뇌가 '뱀(파충류)의 뇌' 상태가 된다는 것은 원초적인 동물의 상태가 되어 버린다는 뜻이다.

비상사태가 선포되어 원시적인 동물(파충류)의 뇌가 사용되면, '비논리적이고 본능적이며 극단적인 행동'을 하게 된다. 당연히 상대는 안중에도 없고 간단한 정보도 입력되지 않으며, 논리도 이해도, 유연성도 사라진다. 상대의 말은 튕겨져 나가며, 지금 순간의 자신에게 닥친 위험만 감지하여 반응할 태세를 갖춘 상태가 된다.

앞서 언급한 책의 저자인 고울스톤은 상대를 설득하고 소통하려면 자신의 뇌 상태를 스스로 점검해야 한다고 강조한다. 파충류의 뇌 상태는 단어나 문장이 입력되지 않으며, 상황을 더 악화시킬 수 있기 때문이다.

뱀의 뇌로 '멈춤(Freeze)' 상태가 되는 상황은 원시 시대와 마찬가지로 심각한 자연재해, 위협적인 동물의 출현, 굶주림, 질병 등 극도로 생존이 위급함을 감지한 상태이다.

그리고 또 하나의 위험한 상황, 어쩌면 자연재해의 위협보다 더 많이 느끼고 경험하는 '멈춤' 상태는 자존심이 건드려지는 때이다. 자존심이 건드려진 상태에서는 상황을 판단하고 상대를 배려하는 기능이 멈춘다. 감정의 뇌인 편도체의 착각으로 목숨을 위협 받았다고 믿으며, 상황에 방어적 대비를 하거나 공격 준비를 하고 상대를 무찌르기 위해 온 힘을 모은다.

그런 이유로 함께하는 사람과 완벽한 소통을 하고 싶다면 가장 먼저 알아차려야 할 것이 '지금 상대의 뇌 상태가 뱀인지 사람인지'를 인지하는 일이다. '뱀의 뇌' 상태라면 아무리 중요한 이야기를 해도 입력되지 않기 때문이다.

그렇다면 상대가 '뱀의 뇌' 상태인지 어떻게 감지할 수 있을까? 우리가 상대를 '뱀의 뇌'로 만들지 않았는데, 그것까지도 고려하여 소통해야 할까? 그 답이 '이기적 소통'에 있다. 내가 원하는 소통을 하기 위해 상대를 살피는 것이 중요하며, 상대의 뇌를 '사람의 뇌'로 만들어 놓아야 우리가 목표하는 소통을 성공적으로 할 수 있게 된다.

'사람의 뇌' 상태로 내가 하는 말을 정확히 입력할 수 있도록 하는 '이기적 소통'은 일종의 '플랜 B 커뮤니케이션'이라 할 수 있다. 내가 원하는 소통을 하기 위해 상대를 준비시키는 기술, 즉 '이기적 소통'의 구체적 방법인데, 성공적인 이기적 소통을 위한 '플랜 B 커뮤니케이션' 작전을 3단계로 정리하면 다음과 같다.

첫째 단계는 우선 나의 뇌 상태를 인지하여 '뱀의 뇌'이면 감정을 조절하여 평안하게 만든 후 소통하는 것이다(감정을 조절하는 방법은 다음 챕터에서 기술할 것이다.).

이는 나 자신의 뇌 상태를 살피는 것으로, EQ를 활용하여 자기감정 인식, 즉 자기의 감정을 살피고 내가 지금 '뱀의 뇌'인지 '사람의 뇌'인지 상태를 파악한다. 내가 지금 '뱀의 뇌' 상태라면 상대를 공격하고 물어뜯다가 심지어는 (말로) 죽일지도 모른다. 문제는 그 원인이 상대가 아닐지라도 '뱀의 뇌' 상태에서 내가 보내는 감성 신호는 상대를 불쾌하게 함으로써 '뱀의 뇌'로 만들 수 있는, 충분히 위험한 상황이기 때문이다.

"엄마, 다정함은 체력에서 나오는 거 같아."

연애 중인 아들이 불고기를 열심히 먹으며 한 말이다. 피곤할 때 여자 친구랑 다투는 거 같다면서, 체력이 연애에 매우 중요하다는 걸 깨달으셨단다. 몸의 컨디션이 안 좋을 때, 체력적으로 힘에 부칠 때도 우리는 당연히 '뱀의 뇌'가 된다. 한마디로 다정하게 소통하기에는 위험한 상태라는 뜻이다.

EQ 지능적 '이기적 소통'은 내가 몸도 마음도 힘든 '뱀의 뇌' 상태인지 체크하고, 만약 '뱀의 뇌' 상태라면 감정 조절을 한 뒤 컨디션을 회복해서 소통을 시작하도록 작동한다. 상황이나 상대가 소중할수록 성공적인 '함께하기'를 위한 소통 기술로 나를 먼저 준비한다는 것이다.

둘째 단계는 상대가 '뱀의 뇌' 상태인지를 알아차리는 것이다. '뱀의 뇌' 상태에서 보이는 감성 신호는 '부정적 감정, 즉 불쾌함, 분노, 어이없음, 당황함, 불안함, 공포 등이 눈빛과 표정, 자세, 손의 움직임, 말의 속도와 어조' 등으로 나타난다. 그리하여 자칫 잘못하면 그 신호에 나도 순식간에 '뱀의 뇌' 상태가 될 수 있으므로 주의해야 한다.

소통을 시도하면서 '아이 컨택(Eye Contact)'도 안 하고 성의 없이 대답하는 상황, 화난 표정으로 무슨 일이냐는 듯 대하는 상황은 모두 '뱀의 뇌' 상태에서 비롯된 것으로, 나 역시 '뱀의 뇌'로 만들 수 있는 위험하고도 공격적인 표현이다.

상대가 '뱀의 뇌' 상태로 판단되면 즉시 '플랜 B 커뮤니케이션' 작전을 실행해야 한다. '플랜 A'가 '주말에 가족 모임 있어. 집에서 10시쯤 출발하면 될 거 같아.'인데, 상대가 '뱀의 뇌' 상태라면 분명 입력이 허술하게 되어 '언제 그 말을 했느냐? 나는 들은 기억이 없다.', '그게 이번 주말이었어? 아, 깜빡했다. 어쩌지?'와 같은 소통 실패라는 결과를 가져오게 될 것이다.

이런 상대의 반응에 '내가 말할 때 뭐 했어?'에서 시작하여 '내 말은 중요하지 않아? 나 무시해?'까지 가게 되는 것이다. 따라서 상대의 뇌가 '뱀의 뇌' 상태인지 아닌지부터 정확하고 민감하게 파악하는 것이 중요하다.

셋째 단계는 상대에게서 부정적인 감성 신호를 인지한 후에 본격적인 '플랜 B 커뮤니케이션' 작전, 즉 '사람의 뇌'로 회복시키는 작업에 돌입하는 것이다. '플랜 B 커뮤니케이션'이란 플랜 A를 하기 전 상대가 '뱀의 뇌' 상태라고 판단될 때, 공감과 배려 그리고 감정과 상황의 존중 신호를 상대의 감정의 뇌인 편도체에 입력시켜 '사람의 뇌' 상태로 만드는 것을 말한다. 상대에게서 존재의 소중함을 인정받으면, 자존심이 회복되어 비상사태가 해제되면서 '뱀의 뇌'는 '사람의 뇌'로 돌아온다.

'플랜 B 커뮤니케이션'의 다양한 방법 중에서 가장 효과적인 것은 공감 그리고 염려의 목소리 톤을 담은 '호칭 기법'과 '시간 주기'이다. 플랜 A인 '주말에 가족 모임 있어. 집에서 10시쯤 출발하면 될 거 같아.'라고 단도직입적으로 말을 꺼내기 전에 '어… 자기야… 혹시 무슨 일 있었어? 조금 있다 말할까?'라는 식으로 부드럽게 말을 꺼내는 것이다. '뱀의 뇌' 상태가 된 이유가 '나' 때문이든 다른 상황 때문이든 간에, 자신의 현재 상태에 대해 공감과 인정을 받은 상대는 '사람의 뇌'로 안정을 찾음으로써 내가 원하는 분위기로 소통할 준비가 되는 것이다.

콜센터에서 '화난 고객'과의 소통 기술을 교육할 때 '플랜 B 커뮤니케이션'을 많이 사용하곤 한다. 가장 중요한 작업은 다짜고짜

언성부터 높이는 고객의 목소리에 자극받아 직원이 '뱀의 뇌'가 되지 않도록 해야 한다고 말한다. 직원이 '뱀의 뇌'가 되면 알고 있는 정보도 문제를 해결할 방법도 생각이 안 나고, 오로지 고객에게 반항하고 그를 공격하고 싶은 마음만 들어 상황을 더 어렵게 만들기 때문이다.

소리 지르고 욕까지도 서슴지 않는 고객의 뇌 상태는 분명 '뱀의 뇌'이니, 우선 '플랜 B 커뮤니케이션' 소통 기술로 '사람의 뇌'로 만드는 방법을 연습하라고 알려준다. 직원으로 하여금 고객이 '뱀의 뇌' 상태라고 인지하게 하는 과정은 직원이 '뱀의 뇌'가 되는 위험한 상황을 막아줄 수 있다. 그뿐만 아니라 '사람의 뇌'로 돌아온 고객은 정보에 대한 이해가 가능해져서, 문제 상황을 신속하게 마무리하는 데 협조할 수 있다.

'함께하기' 위해 필요한 소통 기술은 나 자신과 상대의 감정 상태를 확인하는 것부터 시작해야 한다. '뱀의 뇌'가 되어 부정적 감정에 휩싸인 상태로 논리도 목표도 잃고 헤매고 있을 때는 어떤 정보도 입력되지 않고, 감정도 뒤틀린 상태로 갈등을 만드는 결과를 초래할 것이다. 두 사람이 모두 원하는 결과를 가져오는 행복한 소통은 서로에게 집중할 수 있고 교환하는 정보나 감정을 왜곡하지 않고 받아들일 수 있는 가장 평온한 상태일 때 비로소 가능하다.

66

내가 뱉은 말에
피 흘리는 나 자신

99

'생각할수록 화가 나. 나를 호구(모자란 바보)로 아는 거 같아.'

'내가 5분 대기조인 줄 아나봐. 조금만 늦어도 난리야.'

'내가 그렇게 우습나?'

우리는 말을 할 때 머릿속에서 먼저 단어와 문장들을 나열하게 된다. 물론 동시에 말이 나오지만, 수 초라도 앞서 할 말의 내용이 우리 머릿속에서 먼저 만들어지는 것이다. 외국어로 말을 할 때 '이렇게 이렇게' 머릿속에서 먼저 나열해본 뒤 말을 하는 과정처럼 머릿속 생각을 단어와 문장으로 먼저 만들고 나서 말을 하게 되는 것이다. 그래서 우리의 말은 상대보다 내가 제일 먼저 알게 되고 듣게 된다. 이 과정에서 우리는 상대와 관계없이 스스로에게 감정적 문제를 만들게 되는 경우가 생긴다.

바로 내가 사용하는 단어와 문장 때문에 부정적 감정에 스스로 휩싸이면서 '뱀의 뇌'가 되어 버리는 것이다.

- '나를 아주 호구로 아는구먼.' 하면서 속으로 '그래, 나를 호구로 생각하는 게 틀림없어!'
- '내가 까탈 대마왕이라는 거야?' 하면서 속으로 '그래, 내가 까탈이나 부리는 성질 ○○한 사람이라고 생각하는 거지?'
- '내가 그렇게 만만해?' 하면서 '그래, 내 말이 맞아. 나를 아주 만만하게 보니까 함부로 대하고 있잖아!'

누구도 나에게 '5분 대기조', '호구', '만만한 사람', '까탈 대마왕'이라고 하지 않았는데, 그런 단어를 떠올리고 말하면서 내가 제일 먼저 듣고 흥분해서 스스로 '뱀의 뇌'가 되고 나면, 본래의 취지를 벗어난 감정 대립과 갈등으로 소통을 망치게 된다는 것이다. 이런 단어들을 사용하여 말하면 상대는 당황한다.

- "내가 언제 자기보고 호구라 그랬어?"
- "누가 자기 보고 까탈 대마왕이래? 난 그렇게 말한 적 없어."
- "내가 왜 자기를 만만하게 본다고 생각해? 그렇지 않아."

상대가 이렇게까지 말하는데도 우리는 어이없게 상황을 더 악화시킨다.

"아니. 내 느낌이 그래. 말은 안 해도 나를 호구로 생각하는 건 맞잖아! 그래, 안 그래?"

진짜 어이가 없는 상황이다. 상대가 아니라는데도 내가 맞다고 스스로에 대한 부정적 상태를 강조하고 확인하며 우기는 이유는 자신이 뱉은 말이 가장 치명적으로 다가오기 때문이다.

함께하기 위한 '이기적 소통'은 내가 나에게 사용하는 단어를 정돈하는 것에서부터 시작한다. 스스로를 비하하는 단어들, 스스로에게 벌을 주는 단어들, 자존감을 떨어뜨리면서 스스로 자존심을 상하게 하는 단어들은 소통의 실패를 가져온다. 그 말에 가장 먼저 불쾌해지고 비참해지면서 '뱀의 뇌'가 되는 것은 나 자신이기 때문이다.

'뱀의 뇌'가 된 나는 때로는 자신을 부정적으로 비약하며 상대방을 당황시킨다. 욕을 하는 것도 입밖으로 나오기 전까지는 컨트롤이 가능한 상태였는데, 언어로 표현되면서 상황이 심각해진다.

'이 ×× 야~~', '18~!!', 'ㅇㅇ 같은 놈이~~!'

욕을 들은 상대는 당연히 폭주하고 상황은 엉망진창이 되어 버린다. 이런 험악한 단어들은 사실 입 밖으로 내놓지 않고 생각만 해도 우리 감정은 위태로워진다. 생각이 떠오르면 감정은 자동으로 느껴지기 때문이다.

전 세계 언어에서 욕의 단어는 모두 경음이나 격음, 파열음으로 구성되어 있다. ㅆ, ㄲ, ㅊ, ㅌ, ㅍ 등의 발음은 숨을 내뱉는 구조라서 가슴속의 울분이 시원하게 표출되면서 카타르시스를 느낄 수 있으니, 가끔 욕을 해보는 것도 스트레스 해소에 좋다는 말을 들은 적이 있다. 그에 관한 나의 생각은 '과연 그럴까. 글쎄……'이다. 그러나 부정적 감정을 해소해서 감정을 컨트롤한다는 차원에서는 설득력이 있다. 그래서 나도 가끔은 속으로 '이런 ○나리~', '젠장~~'을 되뇌다가, 좀 더 긍정적이고 귀여운 욕은 없나 고민하고 있다.

직장에서 업무를 하다 보면 '스스로 을'이 되어 자존심 상하는 상황도 이런 상태에서 일어난다.

"와~, 씨~! 팀장님. 지금 그쪽에서 제대로 갑질하는 겁니다!"

이렇게 말하는 순간, 팀원 모두가 '을'이 된다. '갑질'이라는 단어를 사용할 경우 불필요한 감정까지 폭발되어 상황이 더 안 좋은 방향으로 전개될 수 있다. 비록 정황상 '갑질'이 맞더라도 다른 단어를 사용하여 상황을 설명하면, 감정은 컨트롤 가능한 범위에 머무르며 윈윈(win-win)할 가능성을 높일 수 있다.

성공적인 소통을 위해 나 자신을 '뱀의 뇌'로 만드는 '단어'에 관해 좀 더 고민해야 한다. 그리고 자신의 감정을 부정적으로 흥분시키는 '단어'는 소통을 실패로 이끈다는 것을 명심해야 할 것이다. 감정적으로 흥분한 상황에서는 상황을 설명하되, 감정을 더 건드리지 않는 단어를 사용하여 내가 생각하고 느끼는 게 맞는지 이성적으로 확인하는 작업이 필요하다. 감정이 위태로운 순간에는 비유를 쓰는 대신에 사실(fact)만 말하는 것이 덜 위험한 소통 방법이다.

　－"나를 아주 호구로 아는구먼!"

　　→ "나도 그렇게 하는 게 괜찮은 건 아니야."

　－"내가 까탈 대마왕이라는 거야?"

　　→ "나는 선택하는 데 시간이 좀 걸리니까 이해해줘."

　－"내가 5분 대기조야? 내가 니 시녀니?"

　　→ "기다릴까봐 나도 안 늦으려고 열심히 왔어."

　나 자신을 위해서라도 함부로 말하지 않는 것이 '이기적 소통'을 성공적으로 완성하는 말하기 방법이다.

이기적 소통을 위한 Tip _____

- 소통 상황에서 상대는 물론이고 나 역시 '뱀의 뇌'가 되지 않도록 최선을 다해야 한다. 그러기 위해서는 어떤 경우에서도 자존심을 지켜내야 한다. 나도, 상대도.

- 자기감정을 인식한 상태에서 감정을 표현하면 소통을 성공적으로 이끌 수 있다. 소통하기 전 지금 나의 감정이 어떤지 들여다보고 나부터 준비하자. 다정한 소통을 위해 자신의 몸 컨디션을 체크해 보는 것도 잊지 말자.

- '플랜 B 커뮤니케이션'은 상대가 '뱀의 뇌'일 경우에 사용하는 '이기적 소통' 방법이다.

- 내가 한 말은 누구보다 내가 먼저 듣게 된다. 그러므로 스스로를 비하하거나 부정적으로 평가하는 단어를 사용함으로써 '뱀의 뇌'로 만들지 않도록 조심해야 한다.

〔 2 〕

감정대로 행동한다면 온통 패자뿐

지금 나의 감정은
어떤 상태일까

"그래. 너는 머리가 아주 나쁘잖아. 성질만 더러워서 화만 내고 고래고래 소리를 지르잖아!"

"어디 한번 해봐. 니까짓 게 할 수나 있겠어?"

영화 〈인사이드 아웃〉(2015, 감독 피트 닥터)에서 건물 바깥에 매달려있는 기쁨이(joy)와 슬픔이(sadness)를 구하기 위해 까칠이(disgust)가 버럭이(anger)의 머리에서 불을 솟구치게 하여 유리를 뚫으려고 폭주시키는 장면이다. 지난 2015년, 월트 디즈니의 픽사 애니메이션 스튜디오 제작으로 세상에 나온 이 작품은 인간의 다섯 가지 감정을 소개하고, 각각이 삶에 영향을 미치는 과정을 흥미롭게 보여준다.

기쁨이와 슬픔이, 소심이(fear)와 까칠이, 그리고 버럭이는 주인공 라일리가 상황을 경험하고 사람과의 대화를 통해 느끼는 감정들을 의인화하여 표현한다. 라일리의 핵심 감정을 담당하는 기쁨이는 '감정 컨트롤 본부'를 통해 라일리가 항상 즐거운 감정을 느끼도록 고군분투한다. 결론은 우리 인간에게 다섯 가지의 감정은 모두 필요하다는 것, 가장 민폐를 끼치는 역할을 하는 슬픔이가 기쁨이를 데려왔다는 것, 슬픔이 있어야 기쁨을 느낄 수 있다는 것을 깨닫게 한다.

감성 지능 홀릭인 내가 가장 관심을 가졌던 것은 '감정 컨트롤 본부'라는 설정이었다. 우리 뇌의 전두엽에 해당하는 이 장치가 작동을 멈추자 다섯 가지 감정은 혼란에 빠진다. 그랬다가 다시 원활하게 작동하게 되면서 모든 문제가 해결된다.

우리가 느끼는 감정의 시작은 우리의 의지와 관계없이 어떤 대상에 의해 '툭' 일어나며 그렇게 '툭' 느껴지는 감정을 인지한다는 것은 관계를 유지하고 소통하는 데 매우 중요한 역할을 한다. 〈인사이드 아웃〉에서는 감성 지능의 기능 중 '자기감정 인식'에 관해 그 중요성을 드러내지는 않았지만, 매 순간 일어나는 상황과 상대방과의 대화에서 주인공 라일리가 느끼는 감정은 선명하게 등장한다.

브로콜리를 먹이려는 부모에게 '까칠이'가 나타나서 밥상을 엎어버리는 강한 거부 행동을 일삼고, 아이스하키에 관해 이야기 하다가 헤어진 친구가 떠오르면서 '슬픔이'가 등장한다.

이렇게 상황과 사람에 대한 감정을 선명하게 인지할 수 있어야 감정 컨트롤 장치에 입력되고 원하는 감정으로 조정된다. 자기가 느끼는 감정의 정체를 알지 못한다면 무엇을 컨트롤해야 하는지도 알 수 없기에, 혼란스러워하거나 엉뚱한 결과를 가져오는 행동을 저지를 수 있다.

소통 상황에서도 "그런데 왜 화를 내?"라는 상대의 말에 내가 화가 난 건지, 짜증이 난 건지, 걱정이 되는 건지를 구분할 수 없다면 소통은 더 어려워진다.

EQ 이론을 구축한 뉴햄프셔 대학교의 심리학 교수 존 메이어 박사는 자기 감정을 인식하는 상황을 '자기의 기분을 알고, 동시에 그 기분에 대한 자신의 생각도 아는 것', 그러니까 '내가 이 기분을 느끼는 것은 ○○ 때문이야.'를 알고 있는 것이라고 정의한다. 자기 기분(감정)이 어떤 상태인지를 정확하게 아는 것은 그 감정을 내가 원하는 방향으로 컨트롤할 수 있는 가능성을 말해 준다. 감정 콘트롤 본부인 전두엽에 '이건 슬픔', '이건 불쾌함', '이건 분노'로 입력하려면 자신의 감정을 깊이 들여다볼 필요가 있는 것이다.

자기감정 인식의 기능은 세 가지 형태로, 관계의 형성과 소통 과정에서 작동한다.

첫째, 어떤 상황에서 나는 가장 기분이 좋은지, 행복한지를 알 수 있다. 또한 스트레스 상황이 어떤 상황인지도 알 수 있기에 스트레스 관리에서도 감정 인식은 큰 역할을 한다. 스트레스를 느끼는 상황과 사람을 알고 있다면, 그에 관해 준비하고 대처할 수 있다는 것이다.

둘째, 자기가 인식한 감정을 정확히 단어로 표현할 수 있다.

"나 지금 많이 혼란스러워서 그래."

"나 지금 너무 화가 나."

"나 솔직히 기분은 안 좋은데, 다행이라는 생각이 들어 안심이 돼."

이렇게 자기 감정을 단어로 표현한다면, 불필요한 오해를 하지 않게 되어 소통이 조금 더 수월해질 수 있다. 이처럼 자신의 감정을 단어로 표현할 수 있어야 하는데, 이 작업이 어려운 상태를 '언어 감각 불능증' 또는 '감정 표현 불능증', 영어로는 'Alexithymia(알렉시티미아)'라고 한다. 감정을 제대로 인지하지 못하는 사람은 '감성적 공백'으로 무덤덤하고 아무 느낌 없는 삶을 살게 되며, '함께하기'를 어려워한다. 현실적으로 본인보다 함께하는 사람들이 더 힘들어하기 때문에, 이런 증상이 있는 사람은 소통과 관계 유지에 어려움을 겪는다.

셋째, 내가 어떤 상황에서 어떤 감정을 느끼며, 그럴 때는 어떤 표정을 짓는지 정확히 알고 있다. 그러므로 상대의 표현을 인지하고 공감할 수 있는 능력을 발휘할 수 있다. 예컨대 나 자신이 상대와 비슷한 상황이었을 때 당황했던 경험이 있고, 지금 상대의 표정이 그때의 자신과 같다면, "아이고, 저런! 너무 당황하셨겠어요."라고 공감할 수 있는 것이다.

이기적 소통에 성공하고자 한다면, 가장 우선적으로 해야 할 일은 자신의 감정을 인지하는 것이다. 이는 '함께하기' 위해서 '뱀의 뇌'로 말하지 않기 위함이며, '소통이란 모름지기 자신의 감정부터 철저하게 준비해야 한다'는 의미이기도 하다.

'지금 나는 어떤 감정을 느끼고 있는가?'

이 질문에 답할 수 있으려면, 나를 관조(觀照, 조용한 마음으로 대상의 본질을 바라봄.)하는 작업이 필요하다. 명상 등을 통해 나를 들여다보는 시간을 자주 갖는 것은 '이기적 소통'을 위해 필요한 훈련이 될 것이다.

불쾌한 감정에
휘둘리지 않기 위한 요령

"언젠가 그가 너르을~ 맘 아프게 해 너 혼자 울고 있는 걸 봐았쒀어~~~."

배우 윤상현 씨는 스트레스를 받으면 샤우팅을 하듯 노래를 부른다고 한다. 아내도, 아이들도 그가 샤우팅하듯 노래를 부르는 날이면, 그의 감정이 어딘가 편치 않다는 것을 눈치채고 기분을 풀어주고자 노력한다는 것이다.

"저는 양은 냄비입니다. '확끓 확식' 해서(확 끓었다가 확 식어서) '스뎅'(스테인리스 스틸의 일본식 발음. 스테인리스 스틸은 온도 변화에 비교적 둔감함.)이 되고 싶습니다. 냄비처럼 감정이 끓어오를 때는 샤우팅하듯 노래를 부릅니다. 그러면 순간 싸악 가라앉아서 성질 내는 것을 피하게 됩니다."

한 예능 프로그램에 출연한 윤상현 씨가 가족과의 생활을 소개하면서 했던 말이다. 이렇게 자신이 느끼는 감정을 함께하는 사람에게 어떤 방법으로든 알린다면 지혜롭게 갈등을 피하고, 도움을 청할 수 있다.

우리의 감정은 간단하게 몇 가지라 말할 수 없을 정도로 복잡하고 미묘하다. 단어로 설명되는 감정 이외에도 나만이 느낄 수 있는 감정은 '감각질(感覺質)', 즉 퀄리아(qualia)라는 특질로 설명된다. 이는 '어떤 순간에 인지한 것에 대해 느끼게 되는 기분 또는 떠오르는 그 무엇을 말하며 단어를 사용하여 말로 표현하기 어려운 것'을 말한다. 의도하지 않은 장소에서 갑자기 아름다운 노을을 보고 느낀 감정을 말로 표현할 수 있을까? 생각나는 대로 '황홀하고 아름답고 경이롭고 굉장하고 예쁘고 웅장하고 때로는 슬프고 가슴 벅차고' 정도로 표현하면서도 답답함을 느낄 것이다.

- "그러니까 그… 아무튼 대단했어. 말로 표현하기 힘들어. 너도 보면 그 느낌을 알거야."
- "그놈은 안 돼. 그 뭐라 말할 수 없는데 묘하게 찜찜해. 느낌이 안 좋아. 그러니까 무조건 안 돼! 너도 만나보면 뙇악 알 거야. 내가 무슨 말을 하는지."

상황이나 사람에 대해 느낀 감정을 이렇게 전달하는 경우를 경험한 적이 있을 것이다.

디지털 AI가 절대 가질 수 없는 우리의 '감정의 뇌'로 감정을 인식한다는 것은 나의 삶을 긍정적 감정으로 충만하게 채워가기 위한 노력인 동시에 행복하게 '함께하기' 위한 일이기도 하다.

중요한 순간 함께하는 사람에게 우리의 감정을 알도록 말로 표현하는 것은 확신과 신뢰를 줄 수 있으며, 때로는 오해와 불신이 생기지 않게 하는 중요한 소통 방법이다. 언젠가 신문 한 컷의 한 쪽짜리 만화에서 이런 문장을 본 기억이 있다.

"당신이 엄청 화가 났다는 사실을 그가 알고 있다고 생각하지 마라."

우리는 상대나 상황 때문에 화가 났을 경우, 함께하는 사람이 당연히 우리가 느끼는 감정을 알고 있을 것이라고 단정짓곤 한다. 그리고 우리의 감정을 고려하지 않은 행동이나 말을 할 때, 불같이 분노를 뿜어내며 관계를 어렵게 만든다.

"내가 화가 난 건 당연한 일이야. 어떻게 그걸 모를 수가 있어?"

이렇게 말할 때 상대가 다음과 같이 대꾸할 수도 있다.

"그걸 내가 어떻게 알아? 말을 해야 알지."

때로는 나 자신조차 자신이 느끼는 감정을 설명하기 어려울 때가 있는데, 도대체 상대방이 어떻게 알 것이라 생각할 수 있을까? 이런 상황에서 상대방은 뒷통수를 맞은 듯 어안이 벙벙해지고, 이제 두 사람은 전투 태세를 갖추게 된다.

감정 컨트롤 본부의 결재를 받지 않은 두 사람의 감정은 '어디 한번 끝까지 가보자!' 하면서 상처만 남는 불통을 시작한다. 한바탕 전투를 치르고 난 후 어느 정도 시간이 지나면 감정의 뇌인 편도체는 평온을 되찾고, 그제야 '후회'라는 감정이 찾아온다.

'왜 그랬지? 내가 좀 심했나?'

이미 늦었을 수도 있다. 서로에게 남은 감정적 상처는 '망각' 되지 않기 때문이다. 우리는 시간이 좀 지난 뒤 오해를 풀고 긍정적으로 마무리하면, 그것으로 소통이 잘되었다고 생각하는 경향이 있다. 하지만 편도체에 한번 할퀴어진 상처받은 감정은 안타깝게도 그대로이다. 어느 순간, 그 상처는 다시 수면 위로 드러나면서 나와 상대의 관계에 어려움을 주는 복병이 되는 것이다. "그때도 그랬잖아! 맨날 그러잖아!"라고 투덜거리면서.

감정의 뇌인 편도체가 강한 감성적 자극을 받아서 감정이 활성화되면, 어느 정도 시간이 지나고 나서 다시 평온해진다. 편도체가 진정되어 평온해지려면 시간이 필요한데, 이때 상황과 상대방을 피해 다른 장소에 가서 심호흡을 하고 바람을 쐬고 따뜻한 햇

볕을 느끼는 등의 시도가 필요하다. 이때 도움이 되는 것이 '마음의 발코니'이다. 실제로 숨통을 틔울 수 있는 발코니가 없으니, 마음속에 발코니를 만들어 두는 것이다. 빛의 속도로 내가 가장 좋아하는 장소(산, 바다, 호수, 캠핑장 등)에서 좋아하는 노래를 들으며, 하늘을 보고 맑은 공기를 마시며 나를 다독이고 돌아오는 것이다.

차를 한잔 마실 정도로 잠깐의 시간적 여유가 있다면 그리고 출퇴근 시간에라도 '마음의 발코니'에서 감정 컨트롤 본부를 작동시켜 편도체를 진정시키려는 습관은 '함께하기'를 성공하기 위해 반드시 필요하니 익숙해질 수 있도록 자주 연습해 보자.

그러나 말하다가 갑자기 장소를 떠날 수 없고, 고객을 응대하다가 다른 직원으로 변경하는 것은 상황을 더 어렵게 하는 일이다. 이처럼 현실적으로 쉽지 않은 방법이므로, 이어지는 본격적인 감정 조절 방법을 꼭 읽어보기를 권한다.

그리고 또 한 가지, 시간과 상황이 허락한다면 나의 감정이 어떤 상태인지 상대방에게 알려주면서 협조를 구하는 방법은 매우 효과적이다. 담담하면서도 진솔하게!

"지금 내가 좀 화가 나서 시간이 필요하니까 나중에 다시 이야기해(STOP)."

"조금 있다가 말해도 돼? 5분만."

"지금은 엄마가 속이 너무 상해서 말하고 싶지 않은데, 조금 나중에 해도 될까?"

지혜로운 이 순간이 진짜 중요한 이유는 무엇일까? 부정적이고 불쾌한 감정에 휘둘려 상황을 망치지 않고, 서로에게 상처 주지 않은 채 성공적으로 소통할 수 있기 때문이다.

끊김없이 말을 주고받는다고 해서 소통이 성공적인 것은 아니다. 불쾌한 감정에 휘둘리지 않도록 감정을 추스르기 위한 '멈춤'의 기회를 나에게도, 상대에게도 충분히 주자. 더 안정적이고 평온한 상태에서 누구에게도 상처를 주지 않고 진실한 소통을 할 수 있을 것이다.

" 이럴 때는 차라리 ARS로

"

"지금 그게 무슨 뜻이야? 기분 나쁘게."

"그걸 잊어버렸다는 거잖아. 열받게시리."

"지금 전화드리라고 말한 거 같은데요. 안 한 거예요? 어이가 없네!"

감정을 건드린다는 말이 있다. 하지 않아도 되는 말, 특히 감정과 관련된 말을 전했다가 상황이 어려워지는 경우를 가리킨다. 사실을 말하거나 확인하는 과정에서 감정이 전해지는 경우, 불필요한 감정적 충돌이 있을 수 있다.

"지금 그게 무슨 뜻이야?"

"그걸 잊어버렸다는 거잖아."

"지금 전화드리라고 말한 거 같은데요. 안 한 거예요?"

여기까지만 하면 상황을 파악하는 논리의 뇌만 작동된다. 그러나 '기분 나쁘게.', '열받게시리.', '어이가 없네.'가 더해지면, 말하는 사람의 감정이 드러나며 상대의 감정도 자극을 받게 된다. 질문에 답을 하려다가도 감정의 소용돌이에 빨려 들어가 소통이 위험해지는 것이다.

소통 상황에서 반드시 알아두어야 할 또 하나는 '감성적'이라는 단어와 '감정적'이라는 단어의 차이를 구분해야 한다는 것이다. 결론부터 말하면 '감성적'이면서 '감정적'일 때 소통이 많이 어려워진다. '감성적'은 '주변의 자극으로부터 감정을 잘 느낀다'는 뜻이다. 같은 자극일 때 공감, 동정, 분노, 짜증, 즐거움 등의 감정을 더 예민하게 빠른 속도로 느끼는 상태가 '감성적' 또는 '감수성이 예민'한 상태이다. 따라서 '감성적'인 사람은 상대방에게 공감하고 상황에 감정을 느껴 동(動)하는 정도가 다른 사람보다 더 강하여 공감도 감동도 잘하지만, 부정적 감정에도 동일하게 반응하여 더 빨리 흥분하고 더 분노하는 상태에 놓이게 된다.

반면 '감정적'은 '느낀 감정을 여과 없이 표현한다'는 뜻으로 감정 표현에 거침이 없다. 상황이나 상대방과 관계없이 느끼는 즉시 환호하거나 분노하고 짜증을 내는 한편, 감동하여 눈물을 흘리기도 한다.

그렇다면 소통에 '감성적'인 것과 '감정적'인 것은 어떻게 영향을 줄까. '감성적'인 성향으로 상대방과 상황을 민감하게 느끼는 것은 꼭 필요한 기능이다. 충분히 공감하고 더 깊게 배려할 수 있는 상태가 된다. 그러나 '감정적'이라면 소통이 위험해질 것이다. '감정적'인 사람은 '감정 콘트롤 본부', 즉 EQ(감성 지능)를 담당하는 전두엽이 제대로 작동하지 않아 '이 감정을 표현해도 되는지, 표현하면 안 되는지'의 판단을 하지 않은 상태로 감정을 드러내므로 당연히 '이기적 소통'에 실패하는 것이다(필자의 찐한 경험이다.).

따라서 원하는 소통 목표를 이루고 싶다면, '감성적'이어야 하되 '감정적'이지는 말아야 한다. 이 부분은 타고난 성격과도 관련이 있다. 그래서 '감성적'이지 않은 성향을 타고난 사람은 상대에게 공감하기 전에 분석하고, '감성적'인 사람은 지나치게 공감하느라 상황 분석이 더디다. 또 '감정적'인 사람은 '욱' 하고 올라오는 감정을 감추기 어려워 상황을 불편하게 만든다.

나는 '감성적'인 사람일까? '감정적'인 사람일까?

자신의 성향을 정확하게 알고 대비하는 방법을 연습해야 이기적 소통에 성공할 수 있다. '감성적'이지 않고 '감정적'인 성향을 그나마 붙들어 관리할 수 있는 장치가 EQ이므로 이 또한 연습해야 할 것이다. '감성적'이지 않은 성향은 공감에 관한 연습, '감정적'인 성향은 감정 조절에 관한 연습이 필요하다.

이기적 소통은 '감성적'이되 '감정적'이지 않을 때 비로소 가능하다. 감정적인 성향이 강한 사람이라면, 말하는 순간 차라리 ARS가 되어 보자.

"급하다고 했는데 아직 안 했네(열받게시리)."

"미리 말을 안 해줘서 급히 왔어(짜증나게시리)."

사실만을 담담하게 전하는 ARS는 감정적(괄호)으로 표현하는 부분이 생략되어 위태로운 소통 상태를 아슬아슬하게 피해 갈 수 있다.

이기적 소통을 위한 Tip _____

- 성공적인 소통의 시작은 '자기감정 인식'에서 출발한다.

- '자기감정 인식'은 나의 감정 상태를 정확히 표현함으로써 상대방도 준비 시킬 수 있다.

- '자기감정 인식'이 정확할 때 상대방에게 공감하는 소통 실력이 발휘된다.

- '자기감정 인식'의 사이드 기능으로 자신은 '감성적'인지 '감정적'인지를 파악해보자.

- '감성적'이되 '감정적'이지 않을 때 '이기적 소통'에 성공할 수 있다.

- 소통 과정에서 생겨나는 불편한 감정을 다스리기 위해 '마음의 발코니'를 마련하여, 수시로 휘리릭 다녀오자.

- 소통 시 불편한 감정을 다스리지 못할 때는 감정의 뇌인 편도체가 진정될 수 있도록 나와 상대방 모두 '잠시 STOP' 한다.

- 감정 때문에 어려워진 소통 상황을 혼자 해결하려 들지 말고, 이 역시도 상대방과 '함께'하는 시도를 해보자. 진솔하게 "지금 내가 이래."라고 말하는 것이다.

〚 3 〛

소통의 순간, '목표'를 되새김질하기

진짜 속뜻은
그게 아니야!

"엄마가 언니만 좋아해요. 나는 미워하는 거 같아요."

상담을 하다 만난 청소년들 중에는 부모의 행동을 부정하며 자기가 할 수 있는 모든 것을 동원해 삐뚤어지기로 결심한 아이들이 있다. 부모와의 관계에서 쌓인 오해로 인해 어떤 아이는 엇나간 행동을 하고, 또 어떤 아이는 자존감이 바닥을 쳐서 자기는 아무것도 할 수 없다며 무너지기도 한다. 제대로 된 삶을 살아내기 어려운 시간을 경험한 것이다.

말로 정확하게 표현하기 전까지는 상대의 정확한 의중을 모르기 쉬운데, 그 대상이 청소년일 때 문제는 심각해질 수 있다.

'부모님이 나를 사랑하시니까 걱정돼서 그러시는 거야.'

'부모님이 내가 잘못될까봐 미리 주의를 주시는 거야.'

청소년들은 전두엽이 아직 성장 중이라 이렇게 철든 생각을 할 수 없다. 그래서 자녀가 부모의 마음을 오해했을 경우, 존재 자체가 중요한 부모와의 관계는 슬프고 불행해진다.

"도서실 간 거는 맞아? 지금이 몇 신데 이제 들어와?"

누가 누구에게 말한 내용인지 모르더라도 듣는 사람이 얼마나 괴로울지는 알 것 같다. 늦게 들어 온 아이에게 "밥은 먹었니?"가 아니라 "지금이 몇 신데 이제 들어오니? 아주 혼이 나봐야 정신 차리지? 도대체 뭐 한다고 이렇게 싸돌아다니니?"라고 말하는 것은 '나는 너를 믿지 않아. 너는 내게 소중한 존재가 아니야.'로 해석되어 아이의 마음을 찢어놓는다. 진심은 '늦어서 걱정했어.'인데도 말이다.

영화 〈말아톤〉(2005, 감독 정윤철)의 주인공 초원이(조승우 분)는 자폐 스펙트럼 증상을 보이는 스무 살 청년이다. 나는 영화를 보는 내내, 초원이의 동생 중원이가 안타까웠다. 형이 엄마의 밀착 보호를 받는 동안, 중원이는 버려진 아이처럼 혼자 밥 먹고, 혼자 자고, 혼자 학교에 간다. 말썽을 피워 경찰서에 잡혀 있는 중원이에게 분노하는 엄마의 마음속에 둘째 아들의 자리는 없는 것일까? 아동 심리학 관련된 프로그램에서 '(몸이나 마음이) 아픈 아이 옆에 안 아픈 것 같은 아이가 받는 상처를 절대 놓치지 마라.'라는 말을 들은 적이 있다.

아이가 걱정되는 부모는 어떻게 말해야 할까? 부모의 불안과 불만이 잘못된 소통 방법으로 아이에게 고스란히 전해지는 위험한 순간이 반복되면, 아이를 밀어내는 결과를 가져온다. 아이가 정녕 소중하고 중요한 존재라면 불안과 불만, 불신을 표현하기 전에 사랑을, 귀함을, 걱정을 표현하는 진짜 속마음 소통을 해야 부모와 행복한 관계로 성장할 것이다.

"김 대리, PPT 준비했어? 내일 발표는 가능한 거야?"

"이 매니저, 내일 미팅 때 뭐라고 할 건지 지금 나한테 한번 해 봐. 내일 엄한 소리 하지 말고."

이 말에 담긴 화자의 속마음은 무엇일까? 상대에 대한 애정이나 믿음이 없어도 발표 준비에 차질이 없기를 바라는 마음, 그리고 미팅을 무사히 마치기를 바라는 마음일 것이다. 진심으로 원하는 마음이 있다면, 상대의 자존심을 건드리지 않고 오해 없이 이해할 수 있는 말로 전해야 한다.

"당연히 소중하지. 그걸 말로 해야 알아?"

"당연히 사랑하지. 그걸 꼭 말로 해야 돼?"

"당연히 걱정되니까 챙기는 거지. 그걸 말을 해야 아나?"

감정을 건드리는 불신과 질타의 말은 그 속뜻을 이해할 수 없는 '뱀의 뇌' 상태가 되어 버려 갈등 상황을 예고한다. 결국 문제가 발생하고 관계가 깨질 수 있는 위험한 순간이 오고 나서야 확인하게 되는 진심은 이미 때가 늦다.

"근데 왜 나한테 소리 지르고 구박했어?"

"니가 뭐든 사흘을 못 가니까 어찌 되려나 싶어 걱정되서 그런 거지."

"진작 걱정했다고 말하지. 구박만 하니까 나를 싫어하는 줄 알았잖아!"

부정적 감정에 휩싸일수록 감정이 아니라 속에 있는 진심이 무엇인지를 먼저 들여다보고 정확하게 말로 표현할 때 성공적인 '함께하기'가 되는 것이다. 말 안 해도 알겠지 했다간 소중한 사람에게 상처를 주고서 그와 멀어지게 될 것이다.

영화 〈쇼생크 탈출〉(1995, 감독 프랭크 다라본트)은 아내와 불륜남을 살해했다는 누명을 쓰고 두 번의 종신형을 선고받은 엘리트 은행가 '앤디'(팀 로빈스 분)의 이야기이다. 악명 높은 교도소 '쇼생크'에 수감되고 나서도, 그는 인간다움을 잃지 않고 삶의 의미를 찾으려 애를 쓴다. 앤디는 쇼생크에서 만나서 친해진 수감자 '레드'(모건 프리먼 분)에게 이렇게 이야기한다.

"아내는 나를 이해하기 힘든 남자라고 했어요. 속을 안 드러낸다고 항상 불평을 했었죠. 내가 너무 사랑했는데 그걸 표현할 줄 몰랐어요. 아내는 나 때문에 죽은 거예요. 내가 방아쇠를 당긴 건 아니지만, 내게서 떠나게 했어요."

상대에게 가진 진심은 오해 없이 있는 그대로 알 수 있도록 전달되어야 한다. 그렇게 말하지 않을 때, 관계는 아픈 채로 유지되거나 끝나버릴 수 있다. 감정적 오해 없이 소통을 하고 싶다면 '설마 모를까.' 하지 말고 '당연히' 속뜻을 선명하게 전달해야 한다. 진짜 속뜻을 보여주기 위해서는 매번 말로 정확하게 행동의 이유를 이야기하고, 자신에게 소중한 사람일수록 '당신은 내게 소중하다'는 사실을 의심 없이 믿을 수 있도록 분명하게 말하는 것이야말로 관계와 소통에서 중요하다. '내가 그렇게 말한 건 당신이 소중하기 때문이야.'라고.

66

달콤한 마시멜로의 유혹을
견딜 수 있는 이유

99

'나는 마시멜로를 두 개 먹어야 행복해. 그러기로 결심했어.'

1970년대의 마시멜로 실험에 관한 이야기가 2020년대를 살아가는 우리에게 심심치 않게 들려온다.

마시멜로 한 개를 접시에 놓아두고 선생님은 나간다. 나가기 전 선생님이 돌아올 때까지 기다리면 마시멜로를 두 개 먹을 수 있다고 말하고, 마시멜로를 꼭 두 개를 먹고 싶은지 확인한다. 아이들은 모두 두 개를 먹고 싶다고 말했고, 선생님이 나간 지 얼마 안 되어 아이들의 행동은 세 그룹으로 나누어진다. 선생님이 나가자마자 마시멜로를 먹는 아이, 조금 기다리다가 먹는 아이, 그리고 선생님이 오실 때까지 기다리는 아이.

실험 대상이었던 아이들이 40대가 될 때까지 추적 조사한 결과, 선생님을 기다렸다가 마시멜로 두 개를 먹었던 아이는 더 좋은 학교에 갔고 더 건강했고 더 좋은 직장에 다녔으며, 더 행복한 가정 생활을 하고 있었다.

　EQ 차원에서 마시멜로 실험을 설명한다면, '자기 동기화'가 만들어 내는 과정과 결과라고 할 수 있다. '자기 동기화'는 무엇을 하고 싶은지 뚜렷한 목표가 있을 때, 그 목표가 동기가 되어 현실의 많은 장애물을 이겨내는 힘을 발휘할 수 있게 한다. 마시멜로를 두 개 먹은 아이들이 공통으로 발휘한 능력은 '자기 동기화'를 활용한 '인내심'이다. 뚜렷한 목표(마시멜로 두 개 먹기)를 세우고 '인내심'으로 장애를 극복(먹고 싶은 것 참기, 기다리기)하는 에너지가 없으면, 중간에 무너지고 실패한다.

　이렇게 목표를 달성하는 '자기 동기화' 에너지는 어떻게 생겨 나는 것일까? '자기 동기화'를 가능하게 돕는 여러 가지 방법이 있는 데, 그중 '감정 조절'은 매우 중요한 역할을 한다. 엄밀한 의미에서 '감정 조절'과 '자기 동기화'는 서로 돕는 관계로, 목표를 향해 갈 때 난관에 부딪히는 순간 시너지를 발휘한다. 절망하고 분노하고 좌 절하는 감정을 조절하여 긍정적으로 다시 힘을 낼 수 있도록 돕는 (인내하는) 것이 '자기 동기화' 에너지이기 때문이다. 또 자기 동기화 를 위해 감정을 조절하는 과정에서 발휘되는 유연한 사고와 긍정적인 태도 역시 큰 도움을 준다.

마시멜로를 두 개 먹은 아이들은 선생님을 기다리면서 자리에서 일어나 책을 보거나 다른 곳을 보면서 노래를 부르고 방 안을 돌아다녔다. 마시멜로를 보면 먹고 싶을까봐, 그래서 두 개를 못 먹게 될까봐 아예 안 보기로 한 것이다. 오로지 마음속에는 마시멜로 두 개(목표물)를 두고, 현실의 어려움(접시에 담긴 마시멜로를 먹고 싶다는 욕구)을 극복하고 견디는(인내) 방법으로 무조건 참지 않고 감정을 긍정적으로 느낄 수 있는 '관심 돌리기'를 한 것이다.

아이들은 선생님을 기다리는 동안, 잠시 후면 먹을 수 있는 두 개의 마시멜로를 끊임없이 생각하며 즐거운 시간을 가지려 노력했다. 목표까지 가는 동안 고통이 아닌 현명한 인내심을 발휘하는데 유연적 사고과 긍정적 현실 만들기로 감정을 조절한 것이다.

EQ의 모든 부분이 '함께하기 위한 이기적 소통'에 중요하지만 '이기적'이라는 단어를 사용하게 된 중심 지능이 '자기 동기화'이다. '상대방과 어떤 관계를 유지하고 싶은가? 상대방이 어떤 선택을 해야 내가 행복한가?'를 명확하게 '소통 목표(동기)'로 정해놓고, 그 목표를 이루기 위한 과정에서 겪어내야 할 상처와 어려움들로 감정 조절이 안 될 때도 '자기 동기화' 에너지로 이겨낸다면 소통은 성공적인 결과를 가져올 것이다.

반면 '소통 목표'가 정해지지 않으면 소통 상황에서 겪는 어려움을 이겨낼 에너지를 찾지 못한다. 소통 상황에서 상처받고 흔들릴 때마다 '왜' 마음을 애써 다스리며 긍정적인 목소리 톤으로 말해야 하는지, '왜' 머리끝까지 화가 나더라도 감정을 조절하며 차분하게 말하려고 애써야 하는지, 그 '동기'를 정확히 인지하면 감정에 휩싸이지 않고 지혜롭게 소통의 목표를 달성할 수 있다. 상대를 설득하기 위해 선택한 모든 말은 '나'를 위한 것이자, 소통 목표를 달성하기 위한 것이므로 억울하지도 힘들지도 않다.

"아놔! 더럽고 치사해서. 그렇게까지 내가 굽히고 들어가야 문제가 해결된다는 거 아니야? 도대체 내가 왜 그래야 하는데. 저 고객이 나한테 소리지르고 욕했거든?"

"그래도 저 고객과 빨리 헤어지려면 이 방법이 가장 좋아요. 저 고객이 VOC(Voice of Customer, 기업 또는 기관의 제품이나 서비스에 대한 칭찬·제안·문의·요구·불만 등, 고객의 모든 피드백)라도 올리면 더 골치 아프니까. 혹시 고객과 더 오랜 시간을 보내고 싶은 건 아니지요?"

"아니, 내가 뭘 잘못했다고 감정을 누르면서 달래줘야 해?"

"내일 중간고사 시작한다면서. 딸이 시험을 잘 보기를 바라면 마음을 편하게 해주면 좋지 않을까?"

소통의 목표를 각성할 때, 소통을 잘하고자 하는 모든 것은 지극히 자기 자신을 위한 것임을 확인하게 된다.

소통 목표를 명확히 갖는 것은 행복한 '함께하기'를 위한 우선적인 작업이다. 이기적 소통을 위한 '자기감정 인식', '감정 조절', '타인 공감 이해' 등의 지능을 발휘해야 하는 당위성을 찾을 수 있도록 돕는 것이 '소통 목표(소통 동기)'이다. 그러니 소통 목표가 없거나 흔들리면 소통은 실패하기 마련이다. 나침반이 정확하게 북극성을 가리켜야 길을 헤매지 않는 것처럼, 감정의 소용돌이에 휩쓸릴 때에는 나의 마시멜로(소통 목표)를 매 순간 떠올리며 즐겁게 소통할 수 있도록 연습해야 할 것이다.

이기적 소통을 위한 Tip _____

- 진짜 속뜻은 '설마 알겠지.'가 아니라 '당연히' 말로 분명하게 알려주어야 만 한다. 그래야 내용은 물론이고, 거기에 담긴 나의 감정까지도 상대에게 오해 없이 정확하게 전달될 수 있다.

- 자신이 부정적 감정에 휩싸였을 때를 특히 조심하라. 진짜 속뜻을 왜곡하 여 포효하고 나면, 상대는 상처받고 마음의 문을 닫을지도 모른다.

- 소통 목표(마시멜로)가 분명하게 있어야 감정적인 흔들림 없이 소통을 성 공적으로 완성할 수 있다. 중간중간 체크하라! 나의 북극성이 잘 보이는지.

Chapter 3

상대의 마음으로
한발 다가서기

얽히고설킨 관계의 실마리를 푸는 공감 노하우

〔 1 〕

나 자신을 위한 이기적인 선택, 공감

66

뭘 하든지
한결같이 예쁜 사람

99

'박보검 침대', '현빈 소파', '공유 맥주'.

상품 제목이 아니라 광고가 만들어 낸 '핫한' 제품에 대한 표현이다. 해당 광고의 모델은 요즈음 가장 인기 있는 사람이라는 증거이기도 한다.

제품을 소개하고 판매로 연결하기 위한 마케팅 전략 중 '감정전이(Transfer of Affect)'는 인간의 '감정의 뇌' 편도체를 활용한, 단순하지만 매우 효과적인 전략이다. 감정 전이란 '어떤 대상에 대한 감정이 그와 관련된 다른 곳에까지 옮겨져서 나타나는 현상'을 말한다. 세계 3대 심리학자 중 하나로 손꼽히는 지그문트 프로이트가 사용한 용어로, '감정의 뇌에 저장된 대상에 대한 느낌은 비슷한 대상을 접했을 때도 동일한 감정으로 느껴진다'는 논리이다.

우리 속담에도 감정 전이를 설명하는 말이 있는데, '마누라가 예쁘면 처갓집 말뚝에 절을 한다.'가 그것이다. 부인이 얼마나 사랑스러우면 처갓집 주변의 말뚝조차도 예쁘게 보일까.

마케팅 전략으로 '감정 전이'를 사용하는 광고는 현재 인기가 치솟는 사람, 영향력 있는 사람을 제품과 연결하는 방법이다. '애정하는 사람의 제품'을 선호하게 만들고, '신뢰하는 사람의 제품'을 신뢰하도록 함으로써 소비자의 지갑을 열도록 설득한다. '감정 전이' 기법은 매우 성공적이어서 누가 광고에 등장하느냐에 따라 제품의 매출은 수직 상승한다. 소비자들은 '박보검 침대', '현빈 소파', '공유 맥주'로 해당 제품을 기억하게 되고, 호감을 느끼는 만큼 지갑을 연다.

이런 현상은 사람과의 관계에서도 흔히 볼 수 있다. 호감이 가는 사람은 '뭘 해도 예쁜 사람'이 되고 모든 행동이 다 좋게 보인다. 표정도, 눈빛도, 하는 말도 모두 긍정적으로 느껴지고 혹시라도 실수를 하더라도 그냥 보아 넘길 수 있다. '감정 전이'가 긍정적인 효과를 보인 것이다.

회사 공지 사항에 올라온 내용을 보다가 의아한 적이 있었다. 누구든 할 수 있는 실수인데, '절대 일어나서는 안 될 일'로 단호한 질책이 있을 것이라는 내용이었다. 그 직원이 좀 억울하고 조직에

섭섭해할 것만 같아서, 곁에 있던 선배한테 물어보았다.

"이건 흔한 실수인데, 왜 이렇게 공지까지 올라온 걸까요?"

"누가 했느냐에 따라 결과가 달라지지."

이처럼 같은 말을 해도 '함께'하는 사람들에게 어떤 감정을 느끼게 하는 사람인가에 따라 소통 결과도 달라진다.

'뭘 해도 예쁜 사람'은 평소의 태도가 긍정적이고, 소통을 할 때 정보를 전달하는 과정에서 존중과 공감을 표현하여 상대를 기분 좋게 한다. 감정의 뇌를 더 신속히 사용하는 우리는 정보보다 감정이 더 빨리 반응을 보인다. 그러므로 긍정적 감정 상태가 되면 어떤 정보도 빨리 습득하고 정보를 전달한 사람과의 관계도 즐겁게 유지될 수 있다. 반면 정보가 전달되는 과정에서 부정적 신호를 전달하는 사람은 같이 있는 것조차 기분이 나빠져서 정보도 정확하게 전달되지 않고 함께하기 불편한 사람, 협력하고 싶지 않은 사람이 된다.

"엄마가 무슨 말을 하는지 알지만, 저는 하기 싫다고요."

"무슨 말인지 알겠는데, 다른 직원 없어요?"

자신이 들은 내용은 이해했는데 기분이 나쁠 경우에는 마음이 불편해지고 문제 해결은 더 어려워진다. 성공적인 소통에서 중요한 것은 '무슨 말을 했느냐'가 아니라 '누가 말했느냐'인 이유다.

"어떻게 하면 설득을 잘할 수 있을까요?"

"제 성격이 상대하고 안 맞아서 소통에 자꾸 실패하는 것 같아요."

소통 강의에서 소통의 비법을 구체적으로 알려 달라는 질문을 받으면, '나를 좋아하게 만들라'고 조언한다. 상대가 누구든 '감정 전이'를 활용하여 '나를 좋아하게' 만들면, 내가 무슨 말을 해도 귀 기울여 들어줄 것이며, 소통도 즐거워질 것이다.

그러나 '나를 좋아하게' 만드는 일은 말처럼 쉽지 않다. 가족이나 직장 동료들의 성격이 모두 다르고, 더구나 고객은 대면하는 시간도 짧아 '나를 좋아하게' 만들기란 거의 불가능하다.

최근 들어 '함께하기'가 고통스러운 사람들이 문제를 해결하고 싶은 마음에 DISC, 애니어그램, MBTI 등 인간의 성격 유형에 관해 많은 관심을 갖게 된 것 같다.

"근데 너 왜 울어?"

어린 시절 옆집에 갓 태어난 강아지가 홍역에 걸려 무지개다리를 건넜다는 이야기를 언니에게 전달하며 눈물을 글썽였을 때 언니가 한 말이다. 나와는 완전 반대 성향으로, 대화를 하고 나면 더 상처받게 되고 이해할 수 없는 선택을 하는 언니를 보면서 점점 더 마음의 문을 닫고 '같이 그러나 따로' 성장했다. 그러나 언니의 유형을 알고 이해할 수 있게 되니 관계가 너무 편안해졌다.

"언니는 가족만 아니었음 벌써 헤어졌어."

농담하면서 어릴 적보다 더 많은 것을 나누며 지내고 있다. 유형 공부의 긍정적 효과이다.

하지만 계속 공부해야 하는 학문적 영역의 '유형 알기'는 처음 접할 때는 흥분될 정도의 매력을 주지만 알수록 점점 더 어려워지고 혼란에 빠지면서 관계의 문제를 해결하지 못한 채 그냥 아는 것으로 끝나버린다. 더 안 좋은 결과는 '함께하는' 사람에 대해 "내가 제일 싫어하는 유형일 줄 알았어! 안 맞아!"라는 말을 함으로써 관계가 더 위태로워지는 부작용을 경험하게 되는 것이다.

상대의 유형을 이해하고 맞춰가며 관계를 유지하려는 노력은 긍정적인 소통분위기와 결과를 가져올 수 있다. 그러나 만나는 사람마다 유형을 의식하여 맞추면서 소통하는 것은 어렵고 힘든 일이다.

더군다나 유형이 달라도 근본적으로 상대를 존중하고 공감하는 표현은 반드시 필요하다. 결과 지향적이고 직설적으로 말하는 사람도 상대방이 존중하는 표현이 없으면 불쾌해지고 공감해주지 않으면 섭섭하다. '솔직함과 무례함'은 분명한 차이가 있으며 그 선을 잘 지켜 소통해야 할 것이다.

'나를 좋아하게 하는' 소통 방법은 상대가 어떤 유형이든, 어떤 관계이든 가능해야 하며, 그러기 위한 첫 단계는 '소통 목표'를 확실하게 하는 것이다. '가족 그리고 직장 동료와 행복하게 함께하고 싶은가?', '처음 만난 고객과 긍정적 감정으로 소통하고 싶은가?' 등의 목표를 확인하는 것이다. 목표를 달성해줄 상대가 '나를 좋아하게' 해야 한다는 당위성을 찾는 것이다.

"아이고, 나는 내가 싫어하는 사람이 나를 좋아하게 되는 것도 싫어요!"

내가 싫어하는 사람을 좋아하라는 것이 아니다. 내가 싫어하는 사람이라도 나의 자존심을 지켜내고 설득하려면 그가 나를 좋아하게 해야 하는 소통 목표를 잊지 말라는 것이다. 당분간 그와 함께해야 한다면 더더욱!

둘째 단계는 그가 누구든 감정의 뇌 '편도체'가 부정적으로 흥분하지 않고 기분 좋은 사람으로 나를 기억하도록 '자존심'을 지켜주는 것이다. '자존심'을 지켜주는 존중과 공감의 표현을 지속적으로 전달하면, 유형이 어떠하든 나에게 부정적 감정을 갖지 않고 호감을 느끼며 나를 존중할 것이다. 특히 '공감' 기술은 감정을 인정해주는 의미에서 더 효과적이라 할 수 있다. 우리는 행동을 선택할 때 '감정의 뇌'가 더 신속하게 작동되기 때문이다.

'이기적 소통'은 유형을 넘어선 소통이다. 상대의 유형과 관계 없이 가장 기본적으로 지켜주어야 할 존중의 표현과 따뜻한 공감은 반드시 필요하다. '뭘 해도 예쁜 사람'은 '나를 좋아하게' 하는 기술을 잘 사용하여 어떤 상황에서도 상대를 존중하고 공감하는 표현으로 긍정적 관계를 유지한다. 이런 과정이 없이 상대를 설득할 목적으로 하는 '갑작스런 인정이나 칭찬, 선물'은 상대를 당황하게 하고 상황을 불편하게 하는 서툰 소통이며, 목표 달성은 실패할 것이다.

'함께하기' 위해 나를 좋아하게 만드는 '이기적 소통'은 한 방에 승부를 보려는 '어퍼컷(Uppercut)'이 아니다. 기분 좋은 '함께하기'를 은밀하게 스며들게 하고자 지속적으로 '존중과 공감'이 담긴 주먹을 짧게 끊어 날리는 '잽(Jab)'인 것이다.

66

상대를 배려하는 척
나를 배려하기

99

"동안으로 보이는 게 매번 좋은 것만은 아닌 거 같아. 나보다 어린 거 같은데 말을 놓더라구. 매번 나이를 말하고 다녀야 되는지. 참 곤란하네."

"바빠 죽겠는데 우리 딸이 또 회장이 돼서 학교 가봐야 돼. 그렇게 하지 말라고 했는데 인기투표라 어쩔 수 없나 봐. 일도 해야 하는데 피곤해지겠어."

살다 보면 자신의 곤란하고 피곤한 감정을 공감하고 위로해 달라는 것인지, 자랑을 하는 것인지 헷갈리는 말을 종종 듣게 된다. 그럴 때 사람들은 아부인지 사기인지 그 경계가 모호한 공감의 멘트를 적극적으로 쏟아내곤 한다.

"그러게요. 너무 동안이서서 당황하실 때 많으시지요."

"와, 엄마 닮았나 봐요. 인기투표는 선생님도 어떻게 할 수 없는데 회장이 되다니!"

이렇게 본심을 숨긴 말을 하게 만드는 엄청난 능력은 어디서 비롯된 것일까? 자세히 들여다보면, 상대가 누구냐에 따라 맞장구나 공감의 강도가 달라진다는 것을 발견할 수 있다. 상대가 나에게 이득이 되는 관계인지 아닌지를 순식간에 판단하고, 어느 선까지 그에게 동조하고 감정을 공감해줄 것인지 본능적으로 결정하기 때문이다.

'진화는 생존을 위한 선택'이라고 언급했듯이, 세상의 중심이 '나'에서 '상대'로 옮겨가 마치 상대의 감정이 몹시 중요하고 가치 있는 것처럼 느끼도록 하는 공감은 '함께하기' 위해 필요한 '내 편'을 만드는 기술이다. 이 엄청난 관계의 기술은 함께하기 위해 진화한 전두엽(감성 지능 담당)의 '타인 공감 이해' 기능에서 발휘된다. 상대에게 감정과 상황에 대해 인정받는 것은 '같은 편'이라는 느낌을 주어 공격하지 않고 손잡는 선택을 하게 한다. 결국 공감은 나의 이득을 위해 상대의 감정을 어루만져주는 이기적인 '협력'의 기술이다.

자신이 제일 중요하다. 나부터 챙기고, 그다음이 상대이다. 자신이 세상의 중심인 우리가 상대에게 공감하는 기술을 진화시킨 이유는 '자기 가축화' 과정에서 필요했기 때문이다. '자기 가축화'란

『다정한 것이 살아남는다』에서 브라이언 헤어와 버네사 우즈가 언급한 단어로, '인간이 스스로 동물적 본능을 억제하고 사회에 맞춰가는 과정'을 가리킨다.

야생 늑대 중 '다정한' 성향을 보인 개체는 인간에게 공격이 아닌 꼬리를 흔들며 다가가는 친화력으로 먹이도 공급받고 추운 겨울 따뜻한 불 옆에서 잠을 잘 수 있게 되면서 생존을 이어나갈 수 있었다. 그 후 인간과 더 가까워지면서 안전한 장소에서 새끼도 낳으며 '가축화'되었다. '다정한 유전자를 가진 늑대'는 '가축화' 과정을 거치면서 '개'로 진화했고, 지금은 사람과 함께 살아가는 '반려동물'이 된 것이다. 우리의 원시 조상들도 '함께'해야만 사냥도 하고 땅도 지킬 수 있다는 것을 각성하면서, '함께하기' 위해 상대가 안전함을 느끼고 나에게 '협력'하도록 '공감'하는 기술을 진화시킨 것이다.

공감과 관련이 있는 '거울 뉴런(Mirror Neuron)' 또는 '거울 신경 세포'는 이탈리아 파르마대 생리학 연구소의 자코모 리촐라티 교수의 연구팀이 원숭이를 대상으로 연구하던 중 발견하였다. 상대의 특정 동작을 보고 따라 하는 신경 세포여서 '거울(mirror)'이라는 이름이 붙었는데, 원숭이를 대상으로 실시했던 실험을 아기에게도 했더니 그 결과는 동일했다. 태어난 지 얼마 안 되어 30cm 정도의 거리도 제대로 보지 못하는 아기에게 엄마가 혀를 내미는 행동을 하면, 아기는 엄마와 똑같이 혀를 내미는 동작을 한다.

상대의 동작을 따라 하는 이유는 무엇일까? 인간의 거울 뉴런은 하전두회 피질(Inferior Frontal Cortex, 전두엽의 전두회(Frontal Gyri)의 가장 낮은 위치에 있는 이랑(Gyrus Frontalis Inferior)으로, 전전두엽 피질(Prefrontal Cortex)의 일부)과 상위 두정구(Superior Parietal Lobe) 등의 뇌 부위(전두엽과 주변)에 자리하고 있다. 거울 신경 세포로 특정 동작을 똑같이 따라 하는 반응은 인간의 사회화(가축화) 과정에서 '함께하기' 위해 상대의 감정을 공감하는 기능으로 발전했을 것이라 예측한다.

원시 조상은 자신의 생존을 위해 사냥을 잘하는 사람, 집을 잘 짓는 사람, 적과 잘 싸워 공간을 안전하게 해주는 사람이 필요했기 때문에 그를 좋아하지 않아도 '공감'해 주고 따뜻하게 마음을 위로해 주면서 자신을 '함께'하고 싶은 사람으로 인식시키고 언제든 돕고 싶게 만들었다.

여기서 좋아하지 않는 사람에게 공감하는 과정이 힘들다면, 과연 나를 위한 옳은 선택일까 하는 의문이 든다. 『호감이 전략을 이긴다』를 집필한 로히트 바르가바는 '세상을 지배하는 호감 경제학의 다섯 가지 원칙' 중 하나인 '이타적 유전자'에 관해 이야기한다. '이타적 유전자'로 우리는 누군가에게 온정을 베풀고 마음을 다해 보살필 때 긍정적 감정과 관련이 있는 도파민이 많이 분비된다는 것이다. 보상이 없이도 누군가를 도울 때 기분이 좋아지게 하는 '이타적 유전자'의 발현은 '협력'을 위해 절대적으로 필요한 '공감' 행동이 우리의 마음을 고통스럽지 않게 하기 위한 방향으로 진화한 것이라 생각된다.

공감 능력과 관련하여 사이코패스의 뇌에 관한 연구도 관심을 받고 있다. 사이코패스는 반사회적 인격 장애로, 사이코패스의 뇌를 뇌MRI로 촬영해 보면, 일반인에 비해 앞쪽 부분(전두엽)이 위축되어 쪼그라들어 있다. 전두엽 기능이 일반인의 15% 정도밖에 되지 않아 감정을 조절하는 데 어려움을 느끼며, 주변의 뇌인 편도체의 기능도 떨어져 감정을 잘 느끼지 못한다. 그 결과 상대의 감정에 공감할 수 없고, 잔혹한 범죄를 저지르고도 정작 자신은 공포를 느끼지 못하므로 평온하다. 한마디로 '함께' 살아갈 수 없는 사람인 것이다.

가족 그리고 사회에서 만나는 많은 사람들을 모두 좋아할 수는 없다. 더구나 나를 무시하고 자존심을 상하게 하는 사람의 감정을 진정시켜 평온하고 행복할 수 있게 공감해준다는 것은 불가능에 가깝다. 그러나 나에게 필요한 상황과 상대를 공감하는 데

어려움을 겪는다면, '함께하기' 어렵고 삶의 목표를 이루어 나가기
힘들다.

공감의 본질은 상대를 위한 것이 아니며, 나를 돕도록 상대의
마음을 흔드는 기술이다. 좋아하는 상대는 당연히, 그리고 좋아하
지 않더라도 나의 삶에 꼭 필요한 사람이라면, 상대의 감정을 이해
하고 배려하는 '공감' 기술을 발휘하여 나와 '함께'하고 싶은 마음을
가지도록 '이기적 소통'을 해야 할 것이다. 우리에게는 분명 고통받
지 않으면서도 그렇게 할 수 있는 유전적 능력이 있다.

공감, 춤의 호흡을 맞추기 위해 연습하는 스텝

"이~렇~게~ 말~하~면~ 고~래~가 친~구~인~줄~ 알~고~ 안~ 잡~아~먹~을~거~야."

애니메이션 〈니모를 찾아서〉(2003, 감독 앤드류 스탠턴)의 한 장면이다. 몸집이 작은 클라운 피쉬(Clownfish, 흰동가리) 말린은 상어 때문에 가족을 잃었기에 개구쟁이 아들 니모가 늘 걱정스럽다. 결국 수족관에 잡혀간 니모를 되찾아오고자, 그는 우연히 만난 블루탱(Blue tang, 농어목 양쥐돔과의 바닷물고기) 도리와 모험을 떠난다. 길을 잃고 엄청나게 큰 고래를 만났을 때, 도리는 고래가 부르는 노랫소리와 같은 톤으로 말을 하며 고래에게 같은 편이니 위협하지 말라는 표현을 열심히 전한다. 그러자 멀리 있던 고래가 그 소리를 듣고 진짜 친구인 줄 알고 가까이 다가와, 말린과 도리는 동공 지진이 되는 당황스러운 상황을 맞이하게 된다. 소통에 관심이 있는 나로서는 '고래와 같은 소리를 내니 고래가 오히려 다가왔다'는 상황이 눈에 들어왔다.

공감은 페이싱(pacing), 즉 '호흡 맞추기' 작업으로 함께 춤을 출 때 놓치면 안 되는 스텝과 박자와도 같다. 요한 스트라우스 2세의 〈아름답고 푸른 도나우 강〉을 들으며 행복하게 왈츠를 추려면, 몸도 마음도 하나가 되기 위해 상대에게 집중하고 내가 해야 할 스텝과 박자를 놓치지 않고 의무를 다해야 한다. '소통'이 함께 추는 멋진 왈츠라면, '공감'은 호흡을 맞추기 위해 연습해야 하는 스텝이다. 따라서 열심히 연습해야 완벽한 공감 소통을 할 수 있다. 정확한 내용을 모르는 상태에서 하는 섣부른 공감은 춤을 추면서 계속 상대의 발을 밟는 상황과 같아, 춤을 그만두고 싶게 만든다.

상황을 이해하고 감정을 알아주는 공감이 다소 어려운 측면이 있기는 하다. 하지만 반드시 감정을 표현하는 단어를 말해주는 것만이 공감은 아니다. 그러니 어떻게 공감을 표현해주어야 할지 (스텝을 밟아주어야 할지) 당황스럽다면, 다음에 소개하는 '질문 공감 기법'을 사용해볼 것을 권한다. 감정과 관련된 단어를 말하지 않고 자기가 하고 싶은 이야기를 하도록 시도해보는 것이다.

[대화 A]

엄마: "그래서 속상했구나."

딸: "아뇨! 짜증 났어요."

[대화 B]

엄마: "그래서 그때 기분이 어땠는데?"

딸: "진짜 짜증 났어요."

엄마: "아, 짜증이 났었구나."

[대화 A]에서 엄마는 섣부른 공감으로 소통에 실패한 반면, [대화 B]의 엄마는 좋은 공감의 사례를 보여준다. 딸의 감정을 섣불리 아는 척 말하지도 않았고, 딸은 엄마의 질문에 답하는 과정에서 자신의 감정을 말로 정리할 수 있었다. 상대의 감정에 관해 어떻게 공감을 표현해야 할지 잘 모르겠다면, 이 질문 공감 기법을 사용해 보기를 적극 권한다.

또 다른 공감 기법은 말의 속도와 목소리의 톤을 페이싱해 주는 것이다. 같은 편이라는 것을 말이 아닌 다른 표현 방법으로 전하는 것으로, 감정의 뇌(느끼는 뇌)에 직접 도달하므로 더 빨리 그리고 더 진솔하게 전달될 수 있다. 말의 속도와 목소리의 톤은 언어 습관이 가장 잘 드러나는 신호이다. 감정 변화가 있을 때는 평소의 언어 습관에서 벗어나 다른 형태의 톤과 속도로 말하게 되며, 이때를 놓치지 않고 호흡을 맞춰주면 감정이 들어간 단어로 말하지 않아도 충분히 공감받았다고 느끼게 된다.

"나도 친구랑 같이 놀고 싶은데, 잘 모르겠어요."

유치원 교사 대상 교육 시 아이들의 성향에 따라 놀이 지도를 하는 것이 좋다는 내용을 전했을 때, 유독 멀리 떨어져서 친구들이 노는 것을 보기만 하는 아이들은 어떻게 해주어야 할지 몰라 안타깝다고 말하는 교사가 있었다. 이때 무작정 손을 끌고 아이들의 무리 속으로 등을 떠미는 것은 위험하다. 문제를 해결하기 전에 아이의 마음을 공감해주고 진짜 속마음을 깨닫게 해주는 작업이 우선이다. 그 후 둘이 머리를 맞대고 함께 놀 수 있는 방법을 모색하는 것이 가장 바람직한 순서가 될 것이다. 선생님의 공감은 아이의 수줍고 두려운 마음에 용기를 낼 수 있는 에너지가 되고, 스스로 방법을 찾아 친구들 속으로 걸어 들어가도록 이끌어 준다.

공감은 말의 기교가 아니다. 마음에 든든한 내 편이 있다는 것을 확인시켜주는 작업이며, 그 에너지는 어떤 해결책으로도 채워질 수 없다. 소중한 사람이 고민을 하소연할 때 문제를 해결해 주고픈 마음이 있다면 '0순위가 공감'이라는 것만 잊지 않으면 된다. 서툴러도, 완벽하지 않아도 공감해주려고 애쓰는 모습을 본다면 그 자체가 공감이며, 이미 문제 해결은 시작된 것이나 다름없다. 춤을 춘다면 상대에게 가르쳐달라고, 기꺼이 함께 추고 싶다고 일단 손부터 내미는 것이 공감인 것이다.

이기적 소통을 위한 Tip

- 소통에 성공하려면 '나를 좋아하게 하라'. 좋아하는 사람의 말에는 마음을 끌어당기는 힘이 있다.

- 이기적 소통은 성격 유형을 넘어선 소통이다. 성격 유형과 관계없이 '존중과 공감'의 신호를 보일 때 소통은 성공한다.

- '나를 좋아하게 하는 기술' 중에서 공감은 즉각적인 소통 효과를 가져다준다. 적극적으로 공간하라.

- 공감은 나와 '협력'하게 하도록 상대를 위하는 '이타적인 이기적 유전자'의 산물이다. 상대가 필요한가? 그러면 공감하라. 상대가 소중한가? 그러면 공감부터 하라, 무조건!

- 공감은 함께 춤을 출 때 스텝을 맞추는 기술이다. 공감에 자신이 없다면 '질문 공감 기법'이나 말의 '속도와 톤'을 맞추기만 해도 공감은 이미 시작된 것이다.

상처받은 이에게 필요한 건 '선생님'이 아니다

##

"

답을 몰라서
묻는 게 아닌데

"

"야, 너 바보냐? 대출부터 알아봤어야지."

사무실을 내고자 퇴사했던 후배는 무직이라서 대출이 어렵
다는 말에 충격을 받았다. 이에 남자 친구에게 하소연을 했더니, 그
의 첫마디가 이랬다.

"비상구 쪽 엘리베이터를 타셨어야지요."

"그럴 때는 고기가 충분히 물러진 다음에 간장을 넣어야지."

하소연에 대한 상대의 대답은 이런 식이다. 그렇다면 하소연
하는 사람들은 정말 문제의 해결책을 몰라서 물어보는 걸까? 물론
그래서 도움을 청했을 수도 있다.

그러나 이 상황에서 고려해야 하는 것은 그 사람이 다른 사람
이 아닌 바로 '나'에게 SOS를 보냈다는 사실이다. 그 이유는 다른

누구도 아닌 바로 나와 '함께'하고 싶다는 마음(무의식 또는 의식)의 표현이다. 지금 힘들어서 어떻게 해야 할지 모르겠으니, '딱 네 도움이 필요해.'라는 신호인 것이다.

상대는 내게서 어떤 도움을 받고 싶은 것일까? 앞의 예문에서 질문자가 말 그대로 일의 순서나 엘리베이터의 위치, 장조림을 맛있게 만드는 법이 궁금했을 수도 있다. 그러나 그렇더라도 나에게 말을 건네는 순간 상대의 표정과 목소리의 톤에 담겨있는 감정, 즉 '심정'을 알아차리지 못하면 소통은 실패한다.

미래학자 다니엘 핑크는 『새로운 미래가 온다』에서 미래에 필요한 재능 여섯 가지를 제시하는데, '공감 – 논리만으로는 안된다'는 공감의 중요성에 관한 것이다. 감정은 순식간에 느껴져 상대방이나 상황에 대해 다른 행동을 선택할 수 있게 한다. 그러기까지 걸리는 시간은 5분의 1초, 그러니까 불과 0.2초이며, 지각되는 신호가 달라졌을 때 감정의 뇌는 0.2초의 짧은 순간에 '기쁨'에서 '슬픔'으로, '평온'에서 '분노'로 바뀔 수 있다. 감정의 뇌가 논리의 뇌보다 더 신속하게 작동하기에, 우리는 '무엇이 옳은가'를 깨닫기 전에 '그래서 기분이 어떤데?'를 느끼게 된다. 하소연의 정답을 이야기하기 전에, 그 사람의 감정을 먼저 위로해주어야 하는 이유가 바로 여기에 있다.

'관계'에는 두 가지 이해, 즉 득과 실을 따지는 '이해(利害)'와 상황을 잘 깨닫는 '이해(理解)'가 있다. 그러나 소통을 할 때 이 두 가지 이해관계에 따라 다른 방식을 선택해야 하는 것은 아니다. 어쩌면 더욱 신중한 소통의 기술이 필요한 것은 상황을 잘 알아주고 보듬는 '이해(理解)'가 아니라 득과 실을 따져 결론을 내야 하는 '이해(利害)'인지도 모른다. 그러나 '그래서 기분이 어떤지'에 따라 소통의 성과는 달라지기 때문에, 득과 실을 따져야 하는 비즈니스 관계에서도 정확한 논리를 전달하는 과정에서 감정을 섬세하게 이해(理解)해주는 것은 이기적 소통에 크게 이바지할 것이다.

로버트 차알디니가 『설득의 심리학』에서 제시한 여섯 가지 설득 기술 중에서 '호감'이 그 이유를 설명해줄 수 있다. 같은 내용의 말도 호감을 주는 사람의 말은 더 잘 설득될 수 있다는 것이다. 호감을 주는 사람이 되는 여러 방법 중 '공감'의 기술은 첫마디에 "그게 아니고 이게 맞아요."라고 정답부터 말해주기에 앞서, "고민 많이 하셨을 텐데 뜻대로 되지 않아 속상하시겠어요."라고 위로함으로써 상대의 '기분'이 좋아지게 만든다. 0.2초 만에 설득에 유리한 감정 환경이 조성되는 것이다.

"눈물이 나올 때는 그냥 우세요."
엄마의 진료를 위해 노인 전문 정신병원에 갔을 때, 코로나 때문에 불안하고 화까지 나서 눈물이 나오려고 한다고 고민을 털어놓았더니 선생님이 해주신 말씀이다. 위로를 받고 싶었던 나는 그 대답에 눈물이 쏙 들어가 버렸다. 답을 찾는 게 아니라 심정을 알아달라는 것이었는데, 전문가에게 들은 답은 너무 당황스러웠다.

말은 정보와 함께 당연히 심정이 전달된다. 특히 고민거리가 있거나 당황하였을 때는 더욱 그렇다. 상황을 나에게 말하는 것은 정말 답을 못 찾아서일까? 곰곰이 생각해볼 일이다.

감정적으로 힘든 상황을 겪은 사람에게 필요한 건 '선생님'이 아니다. 답은 알고 있는데 그 답이 나를 힘들게 하니 위로를 받고 싶은 마음이 먼저인 것이다.

"아이고, 무릎도 아프신데 여기까지 걸어오셔서 어떡해요."

"바쁜데 장조림도 만들고 정말 힘들었겠다."

하소연을 건네는 상대에게 문제의 답을 제시하기 전에 감정을 먼저 보살피는 '공감'은 관계를 더 단단하게 유지할 수 있는 소통 기술인 것이다. 나에게 말을 건네는 것은 마음을 전달하는 것이며, 이때는 나의 유능함으로 명확한 답을 찾아주기 이전에 먼저 헤아려야 할 '심정'이 있다는 것을 잊지 말자.

66

'앙꼬 없는 찐빵'을
누가 좋아할까

99

"다 먹고살자고 하는 짓인데 왜 그러고 사세요?"

강의 스케줄이 겹쳐 교육장에 가까스로 도착한 순간, 점심 여부를 묻는 교육 담당자의 물음에 아직 못 먹었다고 했더니 돌아온 대답이었다. 상황을 살펴주는 다정함을 와장창 깨는 말을 듣는 순간, 어이없고 당황해서 눈물이 날 뻔했다. 그러나 그 이후 예상치 못한 행동이 나를 더 혼란스럽게 했다. 쉬는 시간에 샌드위치와 커피를 사다 주며 교육생들에게 산책 시간을 주고는 나에게는 편하게 드시라고 한다. 이 모습이 '찐 츤데레'인가?

츤데레가 근사하다고 칭송을 받기는 한다. 생각 안 해주는 것처럼 섭섭하게 하다가 불쑥 보여주는 다정함에 감동이 배가되기 때문이다. 마치 아무 기대 없이 빵을 먹다가 갑자기 달콤한 앙꼬를

맛보게 되는 경우랄까?

하지만 이런 언어 스타일에 적응하기란 쉬운 일이 아니다. 저러다가도 다 챙겨 주겠지 싶지만, 이미 감정의 뇌에 입력된 경험들로 인해 그 모습을 바라볼 때 또 상처받을까 봐 조마조마하다. 안타까운 경우가 이런 경우이며, 결국 상대방을 위한 행동을 하면서도 말실수로 상처를 주기 때문에 관계를 어렵게 만든다.

상대와의 관계를 긍정적으로 유지하고 싶다면, 단어나 문장의 선택보다 중요한 것은 언어의 순서이다. 가장 먼저 상대의 상황과 감정을 공감해야 마음속으로 직접 들어가는 진심의 소통을 할 수 있다. 결론 지향적이고 사실 중심의 내용을 선호하는 성향의 언어 습관은 우리 주변에서 쉽게 찾아볼 수 있다.

"네! 죽고 싶으면 그렇게 하세요. 막힌 혈관이 언제 터질지 모르니까."

드라마 〈슬기로운 의사 생활〉의 주인공 중 한 의사가 환자에게 한 말이다. 드라마 주인공이라서가 아니라 자기 역할을 완벽히 해내는 실력 있는 전문가일수록, 논리에 집중하고 성과 위주의 결론으로 말하는 습관이 있다. 그러나 상대방의 감정을 고려하지 않고 여과 없이 나오는 언어 습관은 환자와 보호자에게 심각한 상처를 준다.

'의사의 공감이 치료에 미치는 영향에 관한 연구'를 이야기하는 게 아니다. 나의 '이기적 소통' 논리는 조금 다른 접근으로, '환자가 조금이라도 빨리 회복하도록 마음도 보듬어 주는 언어로 말하는 것도 의사의 치료 실력이다'가 아니다. 의사의 언어 습관으로 상처를 받은 환자와 보호자가 다시는 나를 찾아오지 않을 수 있다는 상황을 이야기하고 있는 것이다.

아무리 실력이 좋아도 환자들이 찾아와야 존재 가치를 인정받고, 의사로서의 자존심을 세울 수 있다. 물론 환자의 심정을 헤아리지 않고 모진 말로 충격적인 사실을 말한다 하더라도, 세상에 유일한 실력을 가진 의사라면 당연히 환자가 줄을 설 것이다. 그러나 어떤 이유라 할지라도 찾아오는 환자가 많은 의사가 된다는 것은 의사로서의 자신의 삶에 의미가 있다.

"아, 따님 결혼식에 꼭 가고 싶으시겠지요. 그런데 지금 당장 수술하지 않으면 위험합니다."

따뜻하다 못해 뜨거운 위로와 공감을 담당 의사에게서 듣게 되는 환자와 보호자는 당연한 치료 결과라 할지라도 의사에 대한 믿음과 감사를 더 깊게 느끼게 될 것이다. 심정을 공감하고 위로와 용기를 주는 말로 소통을 잘하는 의사가 되는 것은 '환자가 많이 찾는 의사'라는 평판의 문제가 아니다. 의사로서의 '자존감'을 단단하게 해주는, 자신을 위한 현실적이고 구체적인 능력의 문제이다.

사춘기를 지나는 자녀와의 소통에서도 '우선적 공감'은 더더욱 필수적인 단계이다.

개인적으로 최고라고 생각하는 초콜릿 음료 광고가 있다. 문제가 이상해서 시험을 망쳤다고 울면서 들어오는 딸에게 아빠는 공감과 위로는커녕 "그럴 리가. 공부가 모자랐네."라고 한다. 그러자 딸은 눈물 가득한 얼굴로 흘겨보면서 이렇게 말한다.

"아빠는 T야?"

상대의 감정을 헤아리지 않고 내가 옳다고 생각하는 것을 즉각적으로 말한다면 소통 목표를 놓칠 수 있다. 그 상대가 사춘기 자녀라면 더 심각하고 절망적인 결과를 경험하게 될 것이다.

다친 마음이 안쓰러워 공감하고 위로해주려는 게 아니라, 본인의 잘못을 반성하고 꼼꼼하게 공부하도록 정신을 바짝 차리게 하는 것이 소통의 목표라면, 말의 순서를 더욱 철저히 지켜야 한다. 최우선이 '공감', 그다음이 '내용'이다.

사춘기 자녀의 감정의 뇌는 수시로 위험한 춤을 춘다. 감정의 뇌를 조절하는 전두엽이 아직 미성숙하여 스스로를 통제할 수 없기 때문이다. 급작스런 감정의 출현으로 불편해하며 통제되지 못한 감정들은 방향성도 없는 행동과 위험한 결심을 하게 한다. 그러므로 소통의 주제가 무엇이든, 다독이는 '공감'이 없다면 평범한 문제도 심각해질 수 있기에 몹시 섬세하게 소통해야 한다. 간혹 사춘기 자녀가 '뱀의 뇌' 상태라면 '사람의 뇌'가 될 때까지 기다려야 한다.

'무조건적 공감'은 감정을 흥분시킨 편도체를 진정시키고, 아직 아기와도 같은 전두엽을 어설프게라도 활용하여 혹시라도 잘못된 행동을 했다면 반성하고 올바른 판단을 할 수 있도록 하는 데 큰 도움을 준다. 사춘기 아이들과의 소통 과정에서 가장 필요한 것은, 아기의 서툰 걸음마를 응원해 주듯, 전두엽이 수백 번 넘어지면서 성숙해가는 과정을 보듬으면서 기다려줄 줄 아는 지혜이다.

'무조건적 공감'으로 흥분된 감정을 먼저 헤아려주면서 시작하는 소통은 사춘기 아이들뿐만 아니라 어른들의 소통에서도 반드시 필요하다. 어른의 뇌도 '공부하는 뇌'보다 '느끼는 뇌'가 먼저 작동하므로, 자신의 심정을 알아주는 상대와 더 긍정적인 관계를 유지하고 싶어지기 때문이다.

'공감'이 없는 상태에서의 소통은 '앙꼬 없는 찐빵'처럼 상대를 존중하고 함께하고 싶다는 진심을 전달하기에는 많이 섭섭하고 부족하다. 상대와 긍정적인 관계를 유지하고 싶다면, 먼저 그의 말에 담긴 심정을 알아차리고 그 감정을 나누고 나서 내용에 대해 소통하여야 한다.

이기적 소통을 위한 Tip _____

- '하소연'은 정답을 묻는 것이 아니다. 면밀하게 살펴보고 심정부터 다독이면 관계와 소통은 성공한다.

- '공감 후 정답'의 순서를 지켜라. 감정이 위로받지 못하면 상대에게 철벽을 치게 된다.

- '공감 후 정답'의 순서는 특히 사춘기 자녀에게 반드시 사용해야 하는 소통의 기술이다.

〔 3 〕

구체적으로, 정성을 기울일수록
마음 문이 열린다

##

"

눈금으로 잰 것처럼
정확하게

"

"그랬겠네. 어쩌냐?"

"아, 그랬어? 그래서 그러는 거야?"

대화를 할 때 '감정'이라는 복병 때문에 대화의 내용을 단순하게 전달하듯 말하는 구체적이지 않은 공감은 관계를 흔든다. 상황에 관심도 없고 무성의하게 대하는 느낌이 지속된다면, 진심으로 말했다 해도 관계는 더 어려워진다.

눈은 텔레비전에 두고 '그랬어.' 하는 것이 분노를 유발하는 상황임은 이해할 수 있을 것이다. 상대의 상황과 심정을 정확히 들었고 진심으로 공감했다 하더라도 상대를 무시하는 느낌을 주는 태도는 갈등을 유발한다.

그리고 대면 상태에서 눈을 보면서 말했다 하더라도, 영혼 없는 '그랬어.'는 상황을 완벽하게 인지했는지 믿음이 안 가고 성의가 없다는 느낌을 준다. 상대에게 신뢰를 주고 존중하는 마음을 전달하려면 구체적으로 공감해야 한다.

"말을 했는데 준비를 안 해놔서 화가 났구나. 밥도 못 먹어서 배고프지? 알아."

"전화벨이 진동으로 되어 있었어. 못 받은 건데 안 받은 거로 오해받아서 속상한 거잖아, 지금."

성공적인 공감은 자신이 상대의 말을 분명하게 들었고 그 심정도 이해한다는 구체적인 단어와 문장을 자로 눈금을 재듯 정확하게 말해야 한다. 그래야만 상대가 나를 신뢰하게 되고 진심으로 위로받았다고 느낄 수 있다.

또한 공감의 실체를 좀 더 정확하게 표현해야 하는 '사과하기'는 더 구체적이어야 한다.

"그러니까 미안하다고 했잖아!"

상대에게 미안한 마음이 진심이고, 나로 인해 속상했던 마음을 공감하여 위로하고 싶다면 구체적으로 사과해야 한다. 위태로운 관계를 무사히 넘길 수 있는 사과의 4단계는 다음과 같다.

첫째 단계는 '미안해.', '죄송합니다.', '사과합니다.' 등의 단어를 사용하여 말 그대로 사과하는 것이다.

둘째 단계는 '늦어서, 약속을 지키지 않아서, 주의 깊게 듣지 않아서' 등등, '무엇을' 사과하는지 구체적으로 말하는 것이며, 셋째 단계는 불쾌함에 대해 공감하는 것이다. '걱정했을 텐데', '무시당한다고 느꼈을 텐데', '기다리느라 힘들었을 텐데'라고 말한 뒤, 마지막 넷째 단계로 '약속'을 하면 된다. '늦지 않을 것을', '잊지 않을 것을', '집중하여 들을 것'을 약속하는 것이다. 그리고 그 약속이 지켜졌을 때 사과는 완성된다. 따라서 1년에 한 번 있는 기념일을 잊어버린 것에 대한 사과는 1년 후에야 마무리될 수 있다.

1단계부터 4단계까지 포함된 진정한 사과는 이렇게 하는 것이다.

"미안해. 20분이나 늦었네. 시간이 다 되었는데 연락도 없어서 걱정했을 텐데. 오늘은 배터리가 없어서 그렇게 되었어. 다음부터 혹시라도 늦으면 어떤 형태로든 연락할게."

우리의 '감정의 뇌(느끼는 뇌)'는 소통하고 있는 상대의 눈빛이나 표정에서 느끼는 감성 신호로도 나에게 진심인지 무심한지를 알 수 있다. 상대가 표현하는 감성 신호는 관계가 중요하고 밀접할수록 더 예민하게 감지한다. 그러니 특히 감정적으로 예민한 상태를 공감하고 위로하고 싶다면, 단어와 문장을 또박또박 구체적으로 표현해 보자.

공감받지 못했다고 느끼거나 제대로 사과를 받지 못했다고 느끼는 감정적 오해는 감정의 뇌에 저장되어 때때로 한 번씩 불쑥 나타나 관계를 어렵게 한다. 상황과 감정에 대한 이해를 정확히 표현하는 소통은 결코 쉽지 않지만, 그럴수록 우리는 '공감의 본질'을 다시 한번 상기해야 한다. 그 사람과 계속 함께하고 싶은가? 함께 해야만 하는가? 그렇다면 배워서라도 구체적으로 공감하라.

"

공감하려면
그림을 그리자

"

"저는 공감에 자신이 없어요. 상황을 이해해도 공감하는 방법을 몰라서, 아내는 자기 마음 몰라준다고 맨날 삐져요."

"공감을 해드리면 고객 불만이 좀 더 빨리 해결될 거 같은데, 방법을 잘 모르겠어요."

공감에 관한 교육을 할 때. 공감의 중요성은 이해하는데 성격상 안 되거나 방법을 모르겠다는 사람들의 고민을 상담해 주곤 한다.

우리는 단어를 들으면 바로 단어에 포함된 의미를 생각하고 생각과 관련된 '형상(形象: 그림/이미지)'을 떠올리며 동시에 형상과 관련된 감정을 느끼게 된다. "그 사람 코끼리 같아."라는 말을 들으면 '체격이 큰 사람, 걸음걸이가 웅장한 사람, 코가 큰 사람' 등의 모습을 상상하며 '귀여움, 든든함' 등 그에 대한 감정도 느껴진다. '독사 교관'이라는 단어의 이미지에서 따뜻함을 느낄 수 없고, '히틀러'의 이미지에서 다정함을 느낄 수 없듯, 단어는 듣거나 생각만 해도 즉 각적으로 이미지가 그려지고 감정을 느낄 수 있다.

나 자신에게 마음속으로 말할 때 쓰는 단어를 함부로 쓰지 말 아야겠다고 마음먹은 이유는 '내가 무수리인 줄 아나?', '나를 호구로 아네?'라고 생각하게 되면, 내 머릿속에는 하층 계급이었던 '무수리'와 속이기 쉬운 '호구'가 그려지면서 그에 대한 부정적 감정이 증폭되어 더 크게 분노하는 현상이 발생하기 때문이다.

'듣고—그리고—느끼기'의 순서는 거의 동시에 일어나며, 상 대와의 소통에 영향을 준다. 공감은 여기에 한 단계를 더하여 '듣고 —그리고—느끼고—표현하기'로 완성될 수 있다. 상대의 말을 듣고 우리 머릿속에 떠오르는(그려지는) 형상을 인식하면 곧바로 감정이 느껴지고, 그 감정을 말로 표현하면 '공감'이 되는 것이다.

'공감' 능력이 부족하다고 알려진 사이코패스는 선천적 뇌 의 결함으로 인해, 이 공감의 4단계를 수행할 수 있는 감정적 공감 (Affective Empathy)은 불가능하다. 하지만 배워서 하는 인지적 공감 (Cognitive Empathy)은 가능하다고 한다. 감정이 아닌 언어와 관련 된 뇌의 부분을 사용하여 공감을 배울 수는 있겠지만, 상대의 감정을 느끼는 것은 불가능하기에 말도 표정도 어딘가 싸해 보이는 것이다.

사이코패스가 아닌 이상, 우리는 노력하지 않아도 내재된 '공감 어플리케이션'으로 '듣고—그리고—느끼기'의 3단계를 수행할 수 있으니, 공감 어플리케이션이 잘 작동하는지 알아볼 기회를 가져보자.

"계란이 왔어요, 계란이 왔어요. 난 깜짝 놀랐어요. 공룡알인 줄 알았어요."

동네 어귀에서 들리는 1톤 트럭의 방송을 듣고, 머릿속에 '공룡알'만 한 계란이 그려지면서 계란이 엄청 클 거 같다는 생각이 든다면, '듣고—그리고—느끼기'의 공감 어플리케이션은 잘 작동하고 있다. 여기에 '표현하기'까지 연습하면 '공감하기'는 완벽해지는 것이다.

"내가 점심도 못 먹고 백화점에 교환하러 갔는데 문을 닫았어! 아, 추워."

"전화 안 해보고 갔어? 평일인데 왜 문을 닫았지?"

"나두 몰라!"

'듣고—그리고—느끼기'를 했다 할지라도 '표현하기'에서 에러가 나면, 공감받지 못한 상대는 괜히 전화해서 기분만 더 나빠졌다고 생각할 수 있다. 한마디로 소통에 실패한 것이다.

그러나 '듣고—그리고—느끼기'에 '표현하기'까지 완성된 공감은 힘든 상황을 이해받았다고 느낄 수 있기 때문에 소통이 긍정적 분위기로 마무리된다.

"내가 점심도 못 먹고 백화점에 교환하러 갔는데 문을 닫았어! 아, 추워."

(추운 날씨에 점심 거르고 백화점 앞에 서 있는 장면을 그리면서 그때의 느낌을 표현한다.)

"앗! 오늘 엄청 추운데, 어떡해? 평일인데 왜 휴무지?"

"그러니까. 내일 다시 와야지 뭐. 자기는 점심 먹었어?"

'표현하기'가 어려우면 '그리기'를 열심히 연습하고, 느껴지는 감정을 이입하여 감탄사나 간단한 문장을 사용하여 공감하면 된다. "아이고."라든지 "이를 어째?" 하는 식으로.

'듣고—그리고—느끼기—표현하기'는 고객과의 상황에서도 격앙된 감정을 진정시키는 방법으로 활용할 수 있다.

"내가 전화를 얼마나 했나 몰라요. 왜 전화 안 받아요? 직원 없어요?"

(전화를 계속하는 고객의 모습을 그리고, 느끼고, 표현한다.)

"에휴, 고객님. 점심 시간이라 직원들이 교대로 근무하여 그랬나 봅니다."

공감을 해준 직원의 첫마디로 힘든 감정을 인정받은 고객은 목소리의 톤을 조금이라도 낮추고 소통하게 될 것이다.

'듣고—그리고—느끼기' 단계는 상대의 감정을 나에게 이입하는 과정이며, '표현하기'로 전달된 공감은 자신의 감정을 인정받고 위로받아 함께하고 싶은 마음을 갖게 하는 단계이다.

이화여자대학교 생명과학부의 최재천 교수는 생존을 위한 공감을 다룬 『손잡지 않고 살아남은 생명은 없다』를 집필하기 훨씬 전, 『호모 심비우스(Homo Symbious)』를 출간했다. '호모 심비우스'는 함께하기 위한 협력 기술로 공감을 진화시킨 '호모 사피엔스'를 의미한다. 이 책에서 최 교수는 현 인류가 행복하게 살아가기 위해서는 진화로 이미 내재된 공감 능력을 더 열심히 사용해야 한다고 강조한다.

'공감'은 '협력'을 위한 구체적 도구인 '소통' 방법 중에서 가장 이타적이면서 이기적인 기술이다. 행복한 함께하기를 계속해 나가기 위한 마음이 간절하다면, 우리 안에 내재된 '공감' 기술을 열심히 사용하여 나와 함께하는 상대도 행복을 느끼며 살 수 있도록 해야 할 것이다. 그래야 나도 행복하지 않겠는가.

66

핵심 단어를 따라 하면
공감력이 높아진다

99

"근데 니도 그렇게 가리키나? 터미널에서 직원한테 화장실을 물어보니, 화장실 말씀이십니까? 화장실은 요쪽입니다 카더라. 급한데 하마터면 실수할 뻔했다 아이가?"

친척 어른이 집안일로 통화하던 중, 문득 궁금한 게 있다며 물어보신다. 과거의 교육 장면이 소환되면서 '그때는 그랬지.' 하고 웃음이 나왔다.

'저쪽이요!'라며 퉁명스럽게 알려주는 직원의 태도를 친절하게 안내할 수 있도록 복명복창(復命復唱)하는 방법을 교육하기 위해 '화장실 말씀이십니까? 화장실은~'으로 안내하는 멘트를 반복하는 훈련을 했었다. 그러나 이 멘트는 고객 응대 현장에서 오히려 고객을 당황하게 만드는 부자연스럽고 기계적인 표현이었다.

고객의 요구를 정확히 인지했다는 표현으로 고객의 말을 반복하는 것인데, 잘못 표현되어 흉내내기(mimiking)으로 인식되면 고객은 오히려 불쾌해진다. 예민한 사람은 왜 내 말을 흉내 내냐면서, 지금 비아냥거리는 거냐고 오해하는 경우도 종종 있다.

"전화를 하는데 뚜~ 소리가 나면서 자꾸 끊어져요!"

"전화를 하셨는데 뚜~ 소리가 나면서 자꾸 끊어졌다는 말씀이시지요?"

고객의 질문에 한 마디도 안 틀리고 똑같이 따라 하는 응대는 공감은커녕, 매뉴얼을 읽으면서 말하는 '영혼 없는' 무성의한 태도로 전달된다.

공감할 때의 '복명복창'은 직장에서 상사의 지시를 '복명복창' 하는 것과는 조금 다른 의미이다. 일을 할 때는 업무에 대한 지시 내용을 정확하게 인지하였는지 확인하는 의미로 복명복창을 하지만, 공감을 해야 하는 상황에서는 다른 복창 방법을 사용해야 한다.

복창, 즉 백 트랙킹(back tracking)은 잘 듣고 있고 집중하고 있다는 표현이며, 소통 상대의 감정에 큰 영향을 주는 신호이다. 특히 공감을 위한 복창은 고객을 응대하는 직원에게만 필요한 기술이 아니라, 누구나 잘 활용해야 하는 소통법이다. 공감하면서 감정을 진정시키고 대화에 집중하고 있다는 표현을 세련되게 하려면, 말한 단어 중 '한 단어'만 동일하게 하는 것이 좋다.

"전화를 하는데 뚜~ 소리가 나면서 자꾸 끊어져요!"

"전화가 계속 연결이 안 되었다는 말씀이시지요?"

고객의 멘트 중 '전화'라는 단어만 복창하며 멘트의 내용을 확인하는 방법이 세련된 복창이며, 여기에 한 마디가 앞서야 한다.

"저런(공감의 감탄사)! 전화가 계속 연결이 안 되었다는 말씀이시지요?"

공감 후 문제 해결의 단계로 들어갈 때 상대방의 감정은 분노의 춤을 멈추고, 문제 해결에 함께 집중하게 되어 소통 시간은 짧아지고 성과는 올라간다.

어쩌다 약속 시간에 늦어 사과를 할 때, 상대의 멘트에 따라 소통 분위기가 달라질 수 있다.

"아유, 죄송합니다. 월요일도 아닌데 차가 너무 막혔어요."

다음 4개의 보기 중에서 이 말에 대한 최선의 반응을 고른다면 무엇일까?

① "괜찮습니다. 어서 앉으세요."

② "저도 방금 왔어요."

③ "그러게요. 월요일도 아닌데 길이 많이 막히지요."

④ "다음부터는 여기 오실 때 지하철을 타세요."

정답은 '3번'이다. 공감과 함께 상대가 말한 멘트 중 '월요일'이라는 단어만 동일하게 말하는 세련된 복창으로 상황을 알고 있다고 공감한다.

성격 유형에 따라 ④ "다음부터는 여기 오실 때 지하철을 타세요."를 선택할 수도 있다. 공감이고 복창이고 다 필요 없이 곧장 성과를 위한 조언으로 말하는 경우인데, 완벽한 공감 소통은 3번 다음에 4번을 말하는 것이다.

3번의 "그러게요. 월요일도 아닌데 길이 많이 막히지요."가 빠지면 약속 시간에 늦은 건 본인인데도 미안해함을 공감받지 못하고 질책 같은 조언만 듣게 되었다고 느껴져 부정적 감정에 휩싸이게 된다. 소통 분위기는 당연히 안 좋아진다.

'충조평판', 즉 충고와 조언, 평가, 판단은 상대가 직접 청할 때만 해주는 것이 좋다. 특히 감정적 상황에 있는 상대가 하소연하듯 문제를 나눌 때는 답을 알려주기 전에 심정부터 살펴야 하며, 그 누구도 아닌 나에게 털어놓는 속내를 간파해야 할 것이다. 답은 상대가 더 잘 알고 있으며, 단지 위로받고 싶은 마음이 크다는 것을 기억하자.

'공감'이 소통에 중요한 기술이라는 것은 아무리 반복해서 말해도 모자란다. 소통은 '공부하는 뇌'보다 '느끼는 뇌'에 더 깊이 관여되어 있고, 나도 상대도 감정적으로 평온할 때만 진심도 사실도 왜곡 없이 전달된다. 불통이 빈번하게 발생하는 이유는 서로가 '함께하고 싶다'는 소통의 목표를 잊은 채 내용만을 전달하기 때문이다. '내 말이 더 옳아.'로 상대를 설득시키는 것이 소통의 목표라면, 먼저 상대의 마음을 여는 공감부터 시작해야 할 것이다. 마음이 열려야 귀도 열린다는 것을 잊지 말자.

이기적 소통을 위한 Tip

* 대충 공감하지 마라. 집중하여 듣고 우리 안에 내재된 공감 어플리케이션을 작동시켜 눈금을 잰 듯 정확하게 공감하라. 공감 어플리케이션을 사용하여 '듣고—그리고—느끼기— 표현하기'의 순서를 실행하라.

* '충조평판', 즉 충고와 조언, 평가와 판단은 상대방이 나에게 원할 때만 한다. 우선 '공감'하되, 상대방이 말한 문장 중 '한 마디'만 복창하여 세련되게 공감하라.

* 다시 강조하면 어찌 됐든 공감부터 하라!

〖 4 〗

부정적 감정을 무력화시키는
영리한 언어 표현

끓어오르는 감정에
기분 좋게 찬물 끼얹기

"눈부시게 예쁘게 생겨 가지고 왜 말귀를 못 알아들어!"

어느 드라마의 한 장면. 남녀 주인공이 텔레비전 출연을 놓고 서로 나가겠다고 다투는 과정에서 남자가 여자에게 갑자기 던진 말이다. 이 말을 들은 여자는 당황하면서도 순식간에 기분이 좋아져 표정을 감추지 못하고 결국 남자에게 기회를 주게 된다.

소통하는 두 사람의 갈등은 그 뒤에 숨겨진 욕구를 간파해야 해결될 수 있으며 갈등의 뒤에 숨겨진 공통적 욕구는 자존심이다. 자신이 원하는 것이 마음대로 안 되고 무시당했을 때 느끼는 상처는 어떤 대가를 치르더라도 반드시 관철하고야 말겠다는 본능을 건드린다. 이때 극적으로 갈등의 감정을 잠재우고 소통의 목표로 되돌리는 작업을 해야 설득할 수 있는데, 가장 빠른 방법은 상대방의 능력과 장점을 인정하는 칭찬이다.

사실에 입각한 칭찬을 '훅' 던지면 순식간에 마음의 빗장이 열린다. 대화의 내용과도 전혀 상관없는 '뜬금포'를 날려도 상관없다. 갑자기 기분이 좋아진 상대방은 변화된 감정을 드러내지 않으려 발버둥치지만, 이미 전의를 상실한다. 서로에게 갈등을 만들었던 이야기를 이해하려 애쓰며 한발 물러설 이유를 찾는다.

이때도 방법이 필요한데, 정말 갑자기 '훅' 칭찬을 말하고, 그다음 설득할 말을 하는 것이다. 칭찬은 감정을 춤추게 하기 때문에 그다음에 한 말은 빨려들 듯 받아들이게 된다. 말하자면 저항 자체를 할 수 없게 만드는 것이다.

'말귀를 못 알아들어'보다 '눈부시게 예쁘게 생겨 가지고'를 먼저 들은 여자 주인공이 기꺼이 텔레비전 출연을 남자 주인공에게 양보한 것처럼, 우리의 뇌는 감성 신호에 빛의 속도로 반응하므로 이 '훅' 치고 들어가는 칭찬 기술은 갈등을 풀어내는 소통에 매우 효과적이다.

"그런데 다용도실이 굉장히 깔끔하네요." (세탁기 고장으로 화가 난 고객과 대화 중 훅~)

"잠시만요. 몇 년생이시라구요? 정말 동안이세요." (오래 기다리신 불만 고객과 대화 중 훅~)

'감정의 뇌(느끼는 뇌)'를 공략하여 상대의 끓어오르는 감정 상태를 변화시키면, 그는 내 말에 집중하게 되어 설득의 가능성이 높아진다. '훅' 들어가는 칭찬 방법과 함께 '훅' 하고 '내 마음이 이래.'라고 말하는 방법도 상대의 감정의 뇌를 움직이는 데 매우 효과적이다. 나의 감정이 담긴 '내 마음이 이래.'를 상대의 감정의 뇌까지 전달하여 마음을 움직이는 것이다.

어느 날, 퇴근해서 집에 왔더니 아들이 할머니와 대치 중이기에 무슨 일인가 물었다. 그러자 학습지 선생님이 오셨는데 계속 게임기를 손에서 놓지 않고 숙제도 안 해놓아서 선생님이 난감해하시다가 가셨다는 것이다. 아주 혼쭐을 내주라는 할머니 옆에서 어쩔 줄 모르고 서 있던 아들은, 울기 직전인 표정으로 나를 바라보았다. 아들과 마주 앉아 이렇게 말했다.

"네가 그렇게 하면 엄마가 너무 슬퍼서 눈물이 나올 것 같아."

그러자 옆에서 듣고 있던 할머니가 코웃음을 치셨다.

"애, 눈물이 나오기는! 맴매를 해야지, 맴매를. 그렇게 말하면 애가 말을 듣니?"

이때 나의 소통 목표는 아들에게 자신의 행동이 잘못임을 알게 하는 것, 그리고 거짓말하지 않고 그렇게 행동한 이유를 솔직하게 털어놓게 하는 것이었다.

"게임할 때 선생님 오신 거 잘 몰랐다가 금방 껐어. 그리고 숙제는 까먹었어."

아이가 어릴수록 거짓말을 안 하고 솔직한 마음을 이야기하도록 하는 소통 방법은 엄마가 큰 소리로 호통을 칠 거라 예상하며 불안해하는 아이에게 '훅' 하고 '내 마음이 이래.'라고 말하며 부모의 감정을 알려주는 것이다. 전투 태세를 갖추었던 아이의 감정의 뇌는 그야말로 갑자기 '훅' 들이닥친 '엄마의 슬픈 감정'을 마주하고 전의를 상실한다. 엄마를 더 슬프게 하지 않아야겠다 결심한 아들은 거짓말이나 변명을 하지 않고 그야말로 허심탄회하게 털어놓는다.

당연히 '아, 그랬구나.' 하며 스스로 어떻게 할 것인지 말할 수 있도록 기다려주면, 아무도 큰 상처 없이 소통은 성공적으로 끝난다. 이 과정에서 아이는 거짓말하지 않는 자기 자신이 자랑스럽고 부모의 믿음을 확인하는 기회가 되어 자존감 높은 아이로 성장할 수 있다(물론 나의 끓어오르는 감정을 애써 다스리느라 한동안 숨 고르기를 해야 했지만).

끓어오르는 감정에 찬물을 끼얹는 '훅' 치고 들어가는 소통 방법은 내가 선호하는 매력적인 소통 방법 중 하나이다. 상대의 감정을 안정시키고 긍정적으로 만들어 주는 '칭찬'과 '감정 말하기'는 결과적으로 내가 원하는 방향으로 설득되지 않았다 해도 서로에게 감정적 상처를 남기지 않고 관계가 유지되는 성공적인 소통으로 이끌 수 있다.

'훅' 치고 들어가서 감정을 무력화시키는 소통 방법을 적절하게 사용해야 하는 이유는 나의 감정도, 상대의 감정도 상처받은 상태로 평온하지 않으면 소통의 목표는 잊히고, 나중에는 무엇 때문에 그렇게까지 화가 났는지도 모르는 상태로 서로에게 뜨거운 맛을 보여주며 '헤어질 결심'을 할 수도 있기 때문이다.

호칭에 꾹꾹 눌러 담아야 할 존중과 배려심

"아가씨! 지금 얘기 중인데 아가씨는 또 누구야?"

응급실 간호사 교육이 끝나고 수간호사 선생님이 교육 마무리 멘트를 하면서 아침에 있었던 해프닝을 언급하신다.

"갑자기 보호자 분이 저한테 '아가씨는 또 누구야!' 하시는 거예요. 저보고 아가씨라고 그러시니까, 갑자기 기분이 좋아지면서 팔 걷어붙이게 되더라니까요. 칭찬처럼 호칭도 사람을 춤추게 하는 것 같아요."

호칭은 소통을 시작할 때 가장 많이 그리고 잘 사용해야 하는 단어이다. 호칭이 잘못 불릴 경우 기분이 나빠져서 소통에 실패할 수 있다. 사실 간호사들에게 '아가씨, 언니' 등의 호칭은 금기어이다. 존중은커녕 의료 전문인으로 인정하지 않는다는 표현이기에,

이 호칭으로 부르는 환자나 보호자와는 눈도 마주치기 싫다는 이야기를 한다. 그럼에도 '아가씨' 나이가 아닌 자신이 '아가씨'라고 불린 순간, 수간호사 선생님의 감정의 뇌는 춤을 추고 이 사람을 위해 무엇이든 하리라 결심했다는 것이다.

보호자가 의도적이었는지는 확인되지 않았으나, 호칭의 효과는 톡톡히 보게 된 것이다. 혹시 병원을 가게 된다면, 간호사를 비롯한 모든 의료진에게 '선생님'이라고 깍듯이 존중하여 부르기를 강추한다.

호칭이 잘못되면 소통은 처음부터 비틀리고, 대화를 나누는 내내 불편한 마음으로 집중하기 어려워진다. 호칭은 분명 감정에 영향을 주는 소통 도구이다. 그러므로 특히 부모와 자녀 관계에서 잘 표현해야 하는데, 소중한 자녀에게 '야, 너, 애'로 호칭하는 경우를 종종 볼 때가 있다. 아무리 예쁘게 '야~', '애~' 해도 함부로 부르는 느낌은 귀하디 귀한 자녀에게 사용하는 호칭이 아니다. 그런 의미에서 태명을 직접 지어 부르는 것은 부모가 아기의 존재 자체를 존중하고 가슴 깊이 사랑하는 마음을 표현하는 데 효과적인 소통 방법이다.

"아가야, 아빠 목소리 들려?"보다는 "튼튼아, 아빠 목소리 들려?"라고 하는 순간, 태아의 존재감은 더 실감 나고, 엄마 뱃속에 있어 아직 만나지 못했어도 관계는 이미 깊어지고 사랑은 더 충만해진다. 그렇게 소중한 튼튼이가 태어난 후 '야~, 너~, 얘~'로 부르는 것은 사랑이 왜곡되어 전달되는 비극이니, 절대 그렇게 불러서는 안 된다.

'야!'라는 호칭으로 인해 "너 지금 '야'라고 했냐?" 하면서 큰 싸움이 일어나는 경우도 종종 있다. 호칭은 변명의 여지 없이 상대를 어떻게 생각하고 있는지를 드러내는 내 마음의 표현이다.

호칭은 어려운 관계도 행복하게 유지할 수 있는 마법과도 같다. 시부모님께서 나를 부르시는 호칭으로 귀한 대접을 받았다는 감동은 두 분이 세상을 떠나신 뒤에도 오롯이 마음에 남아있다. 시부모님은 항상 '○○ 에미'가 아닌 '보영아'라고 내 이름을 불러주셨고, 어머님이 아버님께 전하는 말씀도 "보영이가 자장면 먹고 싶다네요."라고 하셨다. 무엇이든 잘했다, 괜찮다, 예쁘다 해주시며 '얘'나 '쟤'가 아닌 이름을 불러주신 시부모님께 나는 귀한 존재로 대접받고 있다는 믿음을 가질 수 있었다.

소통을 잘하기 위한 호칭은 충분히 고민하고 신중하게 말해야 한다. 외국 영화를 보면 우리나라와 문화 차이를 많이 느끼는데, 그중 호칭은 거의 매 순간 등장한다. "Mr. Bond."라고 부르면 "Call me James."라고 호칭을 친절하게 알려 준다. 듣고 싶은 호칭으로 부르도록 하고 편안하게 소통하는 모습은 우리에게도 필요하지만 우리 문화에는 어색하다. 그러므로 '어떻게 부르면 좋은지' 물어본 다음, 상대가 듣고 싶은 호칭으로 소통을 시작해야 한다.

비즈니스 미팅을 할 때나 상사가 진급을 한 경우, 정확한 직급으로 부르는 것이 소통의 기본이며, 대화의 첫마디는 항상 호칭부터 부르고 시작하는 것이 좋다.

"B안은 어떠신지요?"보다는 "팀장님, B안은 어떠신지요?"가 좋고, "점심 드시고 계속하시지요."보다는 "부장님, 점심 드시고 계속하시지요."가 좋다. 자녀와의 소통에서도 "밥 먹었니?"보다 "수민아, 밥 먹었니?"가 좋다.

눈이 마주침과 동시에 내가 하고 싶은 말을 쏟아내기 전, 반드시 호칭을 부르고 소통을 시작하는 것이 좋다. 또한 대화 중간에 호칭을 자주 불러 상대에 대한 존중과 관계를 지속적으로 표현하면 빠른 시간 내에 친숙해지며 소통하기 훨씬 수월해진다.

또한 호칭 못지 않게 중요한 것이 '지칭'이다. 지칭은 눈앞에 있는 상대방이 아닌 그 자리에 없는 다른 사람을 부르는 단어이니, 지칭에서는 나와 그 사람의 관계, 그 사람에 대한 나의 마음이 더 솔직하게 드러난다.

"야! 가서 쟤 데려와라. 넘어지겠다."

놀이동산에서 줄을 서고 있을 때 가끔 들리는 말이다. 아빠가 장남 철수에게 막내 만수를 데려오라고 말한다. 철수는 '야(호칭)'이고, 만수는 '쟤(지칭)'이다. 아들이 넘어질까봐 염려하는 아빠의 마음은 잘못 전달되고, 자신도 동생도 아빠에게 소중한 존재가 아닌 것 같다는 의심은 아이에게 서글픈 느낌이 들게 할 수도 있다. '야'라고 들을 때마다 느낀 무시와 아빠의 사랑에 대한 의심은 사춘기가 되면서 "내가 아빠에게 소중하기는 한 거야!"라며 반항하는 시작점이 될 수 있다.

"철수야, 가서 만수 데려올래? 저러다 넘어지겠다."

"우리 장남, 가서 막내 데려올래? 넘어질라."

아빠에게 나는 '우리 장남'이고, 동생 만수는 '귀여운 막내'가 되는 순간이다. 스며드는 기쁨과 아빠의 사랑에 대한 신뢰는 이렇게 매 순간 만들어져야 한다. 자녀와 행복한 관계를 유지하고 소통을 잘하고 싶다면 호칭부터 신중히 선택해야 할 것이다.

"요즘 걔 때문에 너무 스트레스야. 쟤! 쟤! 지금 화장실 들어가는 애!"

동료에 대한 지칭은 품격까지 드러난다. 언격이라고 해야 할까? 눈앞에 없다고 함부로 말하는 지칭은 대화 중인 상대에게 "혹시 나에게도 이런 식으로?" 하는 의구심을 갖게 하며, 마음을 멀어지게

3 상대의 마음으로 한발 다가서기

한다. '야, 너, 애, 쟤, 걔'는 소통과 관계를 망치는 단어이므로, 상대 방이 누구든 사용하지 말아야 한다.

"다툴 때도 '미녀 가수'라고 하면 순식간에 화가 풀어져요."

가수 홍서범, 조갑경 부부가 좋은 관계를 유지하는 비결이라 며 토크쇼에서 말한 내용이다. 성공적인 소통으로 행복한 관계를 유지하고 싶다면, 가장 아름다운 호칭으로 말해야 할 것이다. 존중 과 배려가 담긴 호칭은 틀어진 관계도 되돌릴 수 있는 중요한 이기 적 소통 도구이므로 말의 첫마디는 상대가 듣기 원하는 호칭을 정 성스레 불러주며 시작하자. 그리고 마음을 열도록 설득을 해야 하 는 순간에는 더 진지하게 호칭을 자주 부르면서 상대방에 대한 존 재의 소중함과 존중을 표현해야 소통은 성공할 것이다.

당사자가 없을 때 말하는 지칭은 바로 앞에서 내 말을 듣고 있는 상대방에게 나의 인격을 드러내는 단어이므로 이 역시 신중 하게 말해야 할 것이다. 존중 없이 말하는 언어 습관은 소통 상대가 눈앞에 없을 때 더 위태로우며, 순식간에 들키는 인격은 반드시 소 통과 관계에 영향을 주기 때문이다.

66

곤란한 감정을 문자로 전달하는
두 가지 요령

99

"물결(~)이 아니라 웃음웃음(^^)이예요. 분명 나에게 마음이 있는 거예요."

남주인공을 짝사랑하던 여주인공은 그의 문자를 받고 뛸 듯이 기뻐하며 동료에게 이렇게 말한다. 물결(~)은 일상적인 표현인데 웃음웃음(^^)은 다른 마음의 표현이라며 좋아하는 장면을 보고, 최첨단 디지털로 소통을 해도 감정을 전달하기 위해 개발된 이모티콘이 소통에 얼마나 중요한 도구인지 새삼 느낄 수 있었다.

이메일과 문자, 톡으로 나누는 소통은 대면 상태가 아니라 좀 더 자유롭다. 대면 소통을 강조하는 나도 힘든 이야기를 해야 할 때나 곤란한 감정을 전달해야 할 때는 문자를 이용한다. 심지어 심각한 내용의 말을 해야 할 때는 집에서도 아들에게 먼저 문자를 이용해 소통의 분위기를 만들기도 한다. 문자를 받은 사람은 생각할 시간을 가지고 응대할 수 있어서 마음이 더 편한 상태로 의견을 말할 수 있다. 그리고 보내는 사람은 감정 상태를 다듬어 전달하거나 때로는 사실이 아닌 감정 상태(사기가 아닌 감정을 정화시키는 과정)를 보내서 소통을 돕기도 한다.

가령 '^^'나 'ㅎㅎ, ㅇㅇ' 등 그럴 기분이 아니어도 이모티콘을 추가하면, 문장이 다정해지고 상대의 감정을 고려한 노력이 전달된다. 이모티콘을 사용하는 것은 거짓 감정을 전달하는 것이 아니라, 진심을 전달하고 싶은데 지금의 감정 상태가 좋지 않아 문자와 시간의 도움을 받는 것이다. 소통에 도움을 받는다는 측면에서 디지털 방식의 이모티콘 표현은 이럴 때 꼭 필요한 도구이다.

소통은 대면 상태가 가장 좋지만, 부득이할 경우에는 문자나 이메일을 활용할 수 있다. 이때 문자나 이메일의 문장(text)이 감정에 오해를 만들어 오히려 관계를 위태롭게 할 수도 있으므로 주의해야 한다.

"못 갈 거 같아. 주말에 회사 워크숍 있어."

대면 소통이나 전화 통화를 하면 오히려 감정적 갈등이 없을 텐데, 앞서 했던 약속을 지킬 수 없게 된 상황이라 문자나 이메일을 보내는 경우가 있다. 이렇게 정보만 전달하면, 내용은 이해했어도 무심한 느낌의 문장(text)이 태도로 느껴져 상대가 불쾌해할 수 있다.

문자를 보는 상대의 감정은 전혀 고려하지 않은 것처럼 느껴져 마음이 불편해지는 것이다. 간단하게 문자를 보내도 이모티콘으로 감정을 표현하면 '~'나 '…' 만큼의 정성이 느껴져 긍정적 소통 결과를 가져온다. "못 갈 거 같아…. 주말에 회사 워크숍 있어.… " 가 더 낫다.

그리고 문장을 구성하는 내용도 중요하다.

"안 됩니다. 마감했습니다."보다는 "그 부분은 어려울 것 같습니다. 기한이 지나서 이미 마감되었습니다."처럼 설명을 덧붙임으로써 제안을 거절당한 상대의 감정을 염려하고 배려하는 '감성 신호 문장'으로 전달하는 것이 좋다. 곤란한 감정이 전달되는 과정에서 상대의 감정을 곤란하게 만들면 소통은 더 어려워진다.

사실을 중시하고 결과로 말하는 성향을 가진 사람들은 이 방식에 동의하지 않을 수 있다. 이해할 수 없는 소모적 작업이라고 생각할 수 있기 때문이다. 그러나 이기적 소통의 핵심은 나의 성향을 상대에게 이해시키는 것이 아니라 나를 돕도록 '협력'하고 싶은 마음을 갖게 하는 것이다.

이모티콘이나 ~, …를 사용하여 상대의 감정도 고려하는 방법이 필요 없는 작업이라고 느낀다면, '적어도 세 마디' 기법을 권하고 싶다. '적어도 세 마디' 기법은 문자나 이메일을 보내는 사람과 받는 사람 모두 결과 지향적 성향을 가지고 있어도 충분히 존중받고 있다고 느껴지는 소모적이지 않은 방법이다.

[문자의 문장(text)으로 곤란함을 전하는 소통: 적어도 세 마디]
'못 갈 거 같아.' (한 마디)
'못 갈 거 같아, 자기야.' (호칭이 포함되어 두 마디)
'못 갈 거 같아, 자기야. 주말에 가자.' (호칭과 대안이 포함되어 세 마디)

거절을 해야 하거나 상대의 요구에 맞추어 줄 수 없는 곤란한 상황에서 '적어도 세 마디'는 원하는 대로 할 수 없게 되어 실망한 상대의 감정을 이모티콘 없이도 배려하는 소통이 된다.

또한 대면 소통에서도 '적어도 세 마디' 기법은 적극적으로 사용해야 하는 소통 기법이며, 곤란한 상황이 아닐 때도 효과가 좋은 방법이다.

[대면 상황의 일상적 소통: 적어도 세 마디]

"네!" (한 마디)

"네! 전화드렸습니다." (네'가 포함되어 두 마디)

"네! 전화드렸습니다. 팀장님." (네'와 '호칭'이 포함되어 세 마디)

특히 호칭을 포함한 세 마디는 상대에 대한 존중, 긍정적 관계를 유지하고 싶다는 마음도 잘 표현된 소통 방법이다.

곤란한 감정을 감추고 눌러두는 것은 관계 유지에 위험한 불씨를 만드는 일이며, 감정을 전달하는 과정에서 문제가 생기면 관계는 더 깊은 나락으로 떨어지게 된다. 갈등 상황을 불러오는 문제가 발생할 때는, 먼저 정제된 언어로 문자를 보내 각자가 생각할 시간을 갖는 것이 좋다. 그러나 나의 곤란한 감정을 전하는 과정에서 상대의 감정을 혼란스럽게 하면 소통이 더 힘들어질 수 있다. 그러므로 '이모티콘'과 '적어도 세 마디' 기법을 적절히 사용하여 곤란한 감정을 세련되게 전달해 보자.

이기적 소통을 위한 Tip

- '훅~' 치고 들어가는 뜬금없는 칭찬은 상대의 끓어오르는 감정에 찬물을 끼얹어 식힌다.

- '지금 내가 이래.'로 나의 감정도 '훅' 알려주는 것이 좋다. 이는 상대의 감정을 진정시키는 데 효과적이기 때문이다.

- 소통에서 제일 중요한 단어는 상대가 듣고 싶은 '호칭'이다. 지칭의 사용은 나의 인격을 드러낸다. '야, 너, 얘, 쟤, 걔'는 금기어임을 명심할 것!

- 곤란한 감정은 묻어두지 말고 전해야 한다. 문자나 이메일은 정제된 언어로 감정을 전달하는 효과적인 수단이다. 이때 감정을 암시하는 이모티콘의 사용을 적극 권한다.

- 이모티콘이 싫으면 '적어도 세 마디' 기법을 적절히 활용함으로써 상대의 감정까지 곤란해지지 않도록 소통하라.

Chapter 4

부드럽게, 따뜻하게, 명료하게

마음을 안아주고 관계를 회복시키는
이기적 소통의 기술

〚 1 〛

이기적 소통을 위한 감정 조절 ①:
상황 인식하기

펭귄 다리의 비밀

"오 마이 갓! 알고 보니 펭귄이 사실은 롱다리였어?"

이기적 소통을 위한 감정 조절에 관한 강의에서 '펭귄 다리의 숨겨진 비밀' 그림이 스크린에 나타나면, 교육생들은 살짝 당황하며 '아하!'를 외치곤 한다. 펭귄을 그대로 보면 귀여운 숏다리인데, X-ray 사진으로 보면 다리뼈가 90도에 가깝게 접혀 있어서 쭉 펴면 몸길이의 약 절반을 차지한다. 진화 과정을 거치면서 몸 안으로 다리를 감추는 것이 생존을 위한 선택이었다고 알게 되었지만 '보이는 것만 보는' 우리의 위험한 '감성적' 습성은 숏다리로 뒤뚱거리며 걷는 모습을 펭귄의 전부라고 믿는다.

보이는 것으로 생각이 떠오르고, 떠오른 생각대로 믿게 되는 우리의 '감성적' 습성이 소통 상황에서 발현되면, 순간적으로 감정을 휘몰아치게 해 예상치도 못한 당황스러운 소통 결과를 가져온다. 소통에서 감정이 미치는 영향은 막대하다. 특히 나의 감정이 조절 안 될 때는 소통은 십중팔구 엉망이 된다. '이기적 소통'의 의미도 나의 감정에 휘둘려 상대방에게서 '협력'을 끌어내지 못할 때 발생하는 실패를 막기 위한 개념이다. '이기적 소통'에 성공하기 위한 첫 단계가 나의 감정 조절인 것도 이 때문이다.

소통 상황에서 발현되는 불편한 감정을 조절하기 위해서는 상황과 상대에 대해 보이는 것만 믿어 버리는 오류를 범하지 말아야 한다. 좀 더 면밀하게 사실을 알아보려는 노력이 필요하며, 이는 모두 나의 감정 조절을 위한 조치이다. 내가 느끼는 대로 믿어 버리고 진행하는 소통은 분명 감정적 오류를 유발하고 실패할 것이다.

"지금 미팅 준비를 하는 게 더 중요한 거는 알고 있는데, 본부장님 지시가 급하게 내려와서 총무팀에 가야 한다는 거지?"

"주말에 가족여행을 가기로 했으니까, 주중에 업무를 다 해놓으려고 계속 야근한다는 거지?"

상황과 상대의 사정이 이해하기 어렵다면 상대에게 질문하여 반드시 확인해야 한다. 짐작으로 만들어진 '사고의 오류'는 불필요한 오해를 안고 감정적으로 소통하게 되므로 분명 탐탁지 않은 결과를 가져올 것이다.

문제는 '상황과 상대에 대한 정확한 인식'이 안 되는 상황에서 발생하는 감정의 폭풍이다. 무지할 때 떠오르는 많은 장면들은 대부분 부정적 감정을 일으키고, 시간이 지체될수록 증폭되어 걷잡을 수 없게 된다.

연락도 없이 자정을 넘기고도 안 들어오는 아들 때문에 잠도 못 자고 동동거릴 때가 있다. 정확히 표현하면 불안과 걱정 그리고 무심함에 대한 섭섭함으로 감정이 끓어올라 주체가 안 되는 경우이다. 참고 참다가 너무 걱정될 때는 문자를 먼저 보내고(곤란한 감정을 전달하는 요령), 기다리는데도 답이 없으면 전화를 한다. 연결이 안 될 때는 별별 생각이 다 들면서 들어오기만 해봐라 하는 마음으로 기다리게 된다. 그러다 아무 일 없이 들어서며 "친구 데려다주고 택시 타고 오다 잠들었어. 엄마 전화했네." 하는 아들을 보면 안심이 되다가도 냅다 소리를 지르면서 "얼마나 걱정했는데!" 하게 된다. 위기의 순간이다. 있을 수 있는 일인데 확인이 안 된 상황으로 증폭된 나의 부정적 감정을 즉각적으로 표현하면, 상대방은 당황하고 관계도 소통도 내가 원하지 않은 방향으로 내달리게 된다.

나의 감정 조절을 어렵게 만드는 상황과 상대에 대해 확인할 길이 없을 때는 '알고 보니~'를 활용해 보자. '알고 보니~'는 상대와 상황에 대한 부정확한 인식과 상상력이 가져다주는 불안과 분노의 감정을 조절하는 '사고의 확장' 방법이다. 대부분 안 보이는 상황에 대해 우리가 느끼는 첫 번째 감정은 '불안'이다. 시간이 더 지나 불안을 잠재워줄 어떤 반응도 없으면, 불안의 감정은 '분노'로 넘어가며 걷잡을 수 없어진다. 상황과 상대방에 대해 사실을 인식할 수 없을 때는 '알고 보니~'를 작동시켜 '어쩌면… 이럴 수도', '어쩌면 저럴 수도'로 유연하게 사고를 확장하여 가능한 상황들을 떠올리며 불안과 분노의 감정을 멈추어 보자.

　연락도 없이 늦는 가족에게 '어쩌면 들어오는 중일 수도…', '어쩌면 핸드폰 배터리가 없을 수도…'라는 식으로 사고를 확장하며 감정을 정돈하는 것은 "무사히 귀가하셨으니 모친은 이제 잡니다." 하며 소통을 마무리하여 두 사람 모두 유쾌해지는 이기적 소통을 완성하는 결과가 될 것이다.

　'알고 보니~'의 '사고의 확장'으로 감정 주전을 하는 방법은 소통 상황이 아닐 때도 유용하게 활용할 수 있다. 운전을 하다 깜빡이도 켜지 않은 채 갑자기 끼어든 차량은 분노를 유발한다. 놀란 마음에 소리를 지르고 욕을 퍼붓는데, 정작 그 불쾌한 소리를 듣는 것은 멀리 앞서가 버린 차량 운전자가 아니라 동승한 가족이다. 이러한 로드 레이지(Road Rage)는 성격이 온순한 사람도 운전대를 잡았을 때 경험할 수 있으며, 순간의 감정을 억제하지 못해서 끝장을 보여주려는 행동은 정말 '끝장이 나는' 비극을 낳을 수 있다. 쉽지 않겠지만 이런 경우에 '알고 보니~'가 매우 효과적이니 경험해 보기를 권한다. 급하게 끼어든 차량을 보며 발현되는 감정을 차단하기 위해 사고를 확장하는 작업을 하는 것이다.

'아⋯ 알고 보니 화장실이 급할 수도~'.

'아⋯ 알고 보니 아기가 아파 병원에 가는 중일 수도~'.

팩트 체크는 안 되어도 내 감정은 순식간에 평온해질 수 있다. 이미 난폭했던 차는 보이지도 않고, 놀란 내 감정과 소중한 동승자만 남았으니, 부정적인 감정을 지혜롭게 조절하여 극복해 보자.

이기적 소통을 위한 나의 감정 조절은 '상황과 상대방에 대한 정확한 인식'이 실행되어야 하므로, 부정확한 상황에서는 내가 생각하는 것이 맞는지 확인하는 작업이 필요하다. 또한 상대방과 상황을 확인할 수 없는 상태라면, 부정적 감정에 휘둘리기보다 '알고 보니~'를 활용하여 재빨리 평온을 찾도록 연습하기를 권한다.

나를 위한 '알고 보니~'의 '사고의 확장' 기술로 감정을 조절하는 작업은 EQ의 '유연적, 낙관적 사고' 영역을 활용해서 할 수 있다. 그리고 앞서 언급했듯 EQ(감성 지능)는 노력하는 만큼 계속 성장하는 지능이므로 지속적으로 연습하면 '사고의 확장' 기술로 감정을 조절하는 실력도 자연스럽게 향상될 것이다.

황선미 작가의 동화 『마당을 나온 암탉』의 주인공인 '잎싹'은 끊임없는 족제비의 공격으로부터 아기 초록이를 지켜낸다. 그 모습에 극도로 분노가 치밀었지만, 족제비가 왜 그럴 수밖에 없었는지 마지막 장면을 보고 충격을 받아 폭풍 오열을 했었다. 한쪽 눈까지 잃은 족제비가 목숨을 건 공격을 멈추지 않는 데는 그럴 만한 사정이 있었다. '보이는 것만 믿고' 잎새와 초록이 입장에서 흥분했던 내가 '아… 알고 보니~'를 진하게 깨달은 순간이었다. 지금도 그 충격적인 경험은 세상사가 보이는 것이 다가 아닐지도 모른다며 솟구치는 감정을 정리할 때마다 소환되고 있는 나의 '알고 보니' 테마이다.

66

있는 그대로
투명하게 들여다볼 수 있다면

99

    광화문이나 강남에 있는 기업의 본사 건물로 교육을 가면 흔히 일어나는 해프닝이 있다. 건물 입구에서 호루라기를 불며 안내봉을 들고 차를 막아 세우는 관리 아저씨와의 주차 실랑이이다. 교육 담당자와 사전에 통화를 했어도 미리 등록되어 있지 않으면 주차장 입구에서 불편하고 곤란한 상황이 벌어진다. 겨우 주차가 되어도 '뭘 이렇게까지 하나?' 하는 마음으로 이미 불쾌해진 감정은 교육장에 들어서기 전에 잘 추슬러야 한다.

    이때 엘리베이터에서 들은 직원들의 이야기가 도움이 된 적이 있다.

    "주차요? 어제는 팀장님도 못 들어왔어요. 사모님 차로 출근했다가 유료 주차장에 대셨대요."

4
부드럽게 따뜻하게 명료하게

방문객인 나에게만 그러는 줄 알고 섭섭함을 넘어서 예민한 감정 상태였는데, 그 이야기를 들으니 순간 감정이 가라앉는다.

"아, 나한테만 그런 게 아니구나. 직원에게도 똑같이 그러는구나."

상대의 기습적인 공격은 감정의 뇌를 폭발시켜 주먹을 불끈 쥐게 한다. 세상의 중심은 나이기 때문에 '왜 나를 못 들어가게 하는데?'가 무의식에서 올라오며, 특히 안내봉으로 막아설 때는 무시당하는 기분이 들어 자존심이 상하게 되고 전투 태세를 갖춘다.

그때부터는 소통은 설득이 아닌 고집을 부리기 시작하고, 당연히 험악한 분위기에서 엉망이 된다. 각자가 고집하는 뜻을 관철하기 위해 많은 정보와 힘을 동원하게 되는데, 이때 EQ로 센스를 발휘하지 않으면 결국 손해를 보게 된다.

감정이 눈앞을 가리려고 할 때(멀리서 그분이 말을 타고 오시면), 재빠르게 컨트롤타워(감정 본부, 즉 전두엽)에 보고하여 감정을 가라앉힐 수 있는 작업에 들어가야 한다. 이 순간을 놓치면 주차도 못 하고 기분도 안 좋아지는 우울한 결과를 경험하게 되는 것이다.

전두엽을 활용한 감정 조절은 상황이나 상대의 신호 때문에 불쾌한 감정이 올라오는 순간, 신속히 상황을 분석하고 인식하여 개인적인 일로 받아들이지 않는 '객관화 작업'을 진행하도록 돕는다. 이 상황이 나에게만 일어나는 일이라고 믿게 되면 억울하고 속상하며, 더군다나 상대가 나에게만 거절과 제지를 하는 것이라고 인식하면 자존심이 상하고 섭섭하다. 그러나 나에게만 일어난 일이 아니라 '객관화 작업'을 통해 누구라도 겪는 일이라는 것을 인식하면 감정은 컨트롤 범위 안에 안착하게 되고, 내 감정만 인지하던 눈이 주변과 상대를 이해하는 눈으로 바뀌게 된다.

'나만 미워하는 아저씨'가 아닌 본인의 사명을 다하기 위해 최선을 다해 열심히 일하는 모습의 아저씨를 이해하게 되는 것이다. 이 객관화 과정은 나의 감정을 조절하여 소통의 목표를 달성하기 위한 전초 작업이라 할 수 있는데, 흥분된 내 감정이 정돈되어야 다음 단계를 진행할 수 있기 때문이다.

'객관화 작업'은 소통 목표(기분 나쁘지 않게 주차하기)를 이루도록 상황을 객관적으로 받아들여(나한테만 그러시는 거 아니야.) 흥분하지 않고 다음 단계인 설득(주차가 가능하게 하는 일)을 시작할 수 있게 한다.

"안녕하세요. 네, 주차가 많이 어렵다는 말씀을 들었습니다. 지금 점심 시간이라 더 그렇지요? 혹시 그래도 한 자리 정도 있을까요? 아니면 주변 유료 주차장이라도 안내해 주시면 감사드릴게요."

상황이 어려움을 인정하고 공감하며 공손하고 다정하게 도움을 청해보는 방법을 택하기로 할 때, 간혹 주차를 못 하더라도 주변 주차장을 안내받을 수 있고, 그것도 아니라면 내 감정이나마 지킬 수 있다.

감정이 끓어오르지 않도록 돕는 '객관화 작업'은 소통 상황과 함께 일상생활에서 일어나는 순간순간의 상황에도 적절하게 사용할 수 있다. 출근 시간에 엘리베이터 줄이 길 때, 버스에서 내렸는데 갑자기 비가 올 때, 예민한 성격의 상사가 꼬치꼬치 업무를 지시할 때 심지어는 사춘기 아들이 침대 밑에 양말을 감출 때도 '객관화 작업'으로 흥분하지 않을 수 있다.

"아니, 왜 양말을 침대 밑에 숨기지? 그렇게 세탁기에 넣어달라고 하는데 나를 무시하는겨?"

어이가 없어 화가 났는데, 학부모 모임에서 알게 된 '남의 집' 아들 이야기로 '객관화 작업'을 하니 순식간에 흥분이 가라앉았다.

"침대 밑에 숨기면 다행이게요! 창문틀에 꽂아놓고 의자 뒤에서도 나와요! 딸들은 더해요."

서로 사춘기 자녀들의 뒷담화를 하였지만, 자녀들은 분명 엄마들의 '객관화 작업'의 혜택을 보았을 것이라 믿는다.

'아, 내 아이만 그러는 게 아니구나. 사춘기 아이들이 대부분 그러는구나.'

출근 시간에 엘리베이터 줄이 긴 것도, 갑자기 비가 오는 것도, 꼬치꼬치 업무 지시를 하는 상사를 만난 것도 모두 '나에게만 일어나는 일'은 아닌 것이다.

감정 조절은 비록 그 방법을 알고 있어도 결코 쉬운 일이 아니다. 더군다나 감정은 별똥별처럼 순식간에 나타나 집중적으로 정신을 쏙 빼놓기에, 조절할 타이밍을 놓치기 일쑤다. 그러나 감정 조절은 함께하고 싶은 사람과의 '행복한 소통'이라는 강력한 동기(나의 마시멜로)를 가진 우리의 이기적 소통을 돕는 재능이다. 개인적인 일로 받아들이지 않는 객관화 작업은 비교적 빠른 속도로 감정을 잠재울 수 있으며, 다른 방법들과 함께 시너지를 낼 수 있는 유용한 감정 조절 방법이 될 것이다.

〔 2 〕

이기적 소통을 위한 감정 조절 ②:
상황 추측하기

'아는 그림'으로 내 마음 지키기

"김 대리, 어제도 그랬다며?"

본사 이전 공사가 한창인 기업에 교육을 갔을 때 일이다. 겨우 작동되는 화물용 엘리베이터를 타고 교육장에 도착하니 교육생 중 한 분이 무릎을 감싸 안고 절뚝거리며 걸어온다. 화장실 공사를 하면서 흘린 물에 미끄러져 무릎을 찧었다는 것이다.

"으이그, 그러다 목발 짚는 거 아니야?"

너무 과한 반응이라는 생각을 하던 차에 김 대리는 어제도 스마트폰을 보고 걷다가, 공사하려고 바닥에 깔아놓은 부직포를 밟아 미끄러졌다는 것을 알게 되었다. 모두가 공사 작업이 마무리되지 않았다는 것을 알고 있는 터라, 부주의함으로 계속 다치는 김 대리를 이해하기도, 공감하고 걱정해 주기도 멋쩍게 된 것이다.

소통을 해야 하는 상대에 대해 실망, 분노, 당황스러움, 답답함 등의 감정은 당연히 있을 수 있다. 게다가 상대가 나와 성격 유형이나 성향이 정반대라면, 더 이해하기 힘들고 설득에도 오랜 시간이 걸린다. 그러나 같은 상황이 반복되고 그때마다 동일하게 실망하며 불편한 감정을 계속 갖게 된다면, 같은 '돌부리'에 걸려 계속 넘어지는 것처럼 어이없고 아플 것이다. 지속적으로 건드려지는 불편한 감정은 결국 "헤어질까?"를 생각하며 포기하고 싶어질 수도 있다. 만약 헤어져도 되면 깔끔하게 정리하면 된다. 그러나 포기할 수 없고, 그리고 싶지도 않은 상대라면 무언가 방법을 찾아야 한다.

소통을 힘들게 하는 것은 '감정'이라는 사실을 잊지 않았다면, 우선 나의 감정을 건드리는 상대의 표현과 선택(일종의 '돌부리')을 기억해두는 작업이 도움이 된다. 꼼꼼한 업무 스타일로 핀잔을 주는 상사, 불평할 때 소리를 지르는 고객, 일은 느리게 퇴근은 빠르게 하는 동료, 아침마다 두드려 깨워야 하는 가족들의 행동 패턴이 반복적으로 나의 감정을 불편하게 한다면, 이 상황들을 '아는 그림'으로 기억해 두는 것이다. 길거리 한가운데 놓인 '돌부리'에 걸려 넘어지지 않기 위한 대비책으로 정확한 위치를 알아두는 것과 같은 작업이다.

'상사는 오늘도 핀잔을 준다.'

'고객은 오늘도 소리를 지르며 불평한다.'

'동료는 일은 느리게, 퇴근은 (겁나) 빠르게 한다.'

'아들은 또 두드려 깨워야 일어난다.'

이렇게 내가 이미 겪어왔던 '아는 그림'을 기억해 두었다가 '맞다. 아는 그림이지~.' 하며 감정의 소용돌이가 시작되는 문턱에서 멈추는 것이다. 나의 감정을 폭풍 속으로 밀어 넣을 수 있는 상대의 행동을 추측하며, 흔들리지 않도록 단단히 잡아두는 작업을 하는 것이다. 일종의 시뮬레이션이라고나 할까?

'아, 어쩌면 오늘도 상사는 핀잔을 줄 것이다.'

'아, 어쩌면 오늘도 고객은 소리를 지르며 불평할 것이다.'

'아, 어쩌면 오늘도 동료는 일은 느리게, 퇴근은 (겁나) 빠르게 할 것이다.'

'아, 어쩌면 오늘도 아들은 두드려 깨워야 일어날 것이다.'

변화시킬 수 있는 상황이라면 변화시키는 작업을 하면 된다. 그러나 이미 불편해진 감정은 예상치 못한 소통 결과를 가져올 수 있다. 변화가 가능하거나 그렇지 않거나, 소통의 주체인 내가 부정적 감정에 휘둘리는 것은 이기적 소통에 실패하는 것이다. 상황에 휘둘리지 않는 '나의 감정 조절'은 소통을 성공적으로 이끄는 중요하고도 우선적 작업이므로 가장 주의해서 들여다보아야 한다.

먼저 진행했던 '알고 보니~'와 '객관화 작업'을 거친 감정 조절은 곧바로 '아는 그림'의 시뮬레이션 작업으로 연결하면 매우 효과적이다. 아는 그림을 HUD(Head Up Display, 항공기나 자동차의 앞 유리창에 정보를 표시해주는 증강현실 장치)처럼 떠올려 놓고 상대가 아는 행동을 할 때 '아는 그림이니 당황하지 말자.'라고 감정을 조절하는 것이다. 동일한 상황으로 불편해지는 감정을 멈추고, 재빨리 평온을 유지하기 위한 것이다.

또한 반복되는 불편한 감정을 피하기 위해서는 '아는 그림'인지 아닌지만 확인하고 끝나는 것이 아니라, '아는 그림'을 어떻게 할 것인지에 대한 대처 상황을 마련해 놓으면 좋다. 내가 치워버릴 수 없는 '돌부리'를 다치지 않고 어떻게 피해 갈 것인지에 대한 묘책을 생각해 두는 것이다. 이때 떠올려야 하는 묘책은 감정이 평온해야 ('사람의 뇌' 상태) 떠오를 수 있다는 것을 기억한다면, 감정 조절이 우선되어야 한다는 것에 동의할 것이다.

더하여 사람이 아닌 상황에 대한 '아는 그림' 시뮬레이션도 감정조절에 도움을 줄 수 있다. 출근 시간에 꼼짝도 하지 않는 교통상황, 서둘렀다고 생각했는데 이미 길어진 맛집의 줄, 명절 귀향길에 들른 휴게소의 붐비는 화장실 상황은 이미 '아는 그림'이다. 부정적 감정에 휩싸여 하루를 망치거나 함께하는 사람까지 힘들게 하는 것은 아무리 생각해도 손해 보는 일이 될 것이다.

그러나 '아는 그림'을 절대 사용하면 안 되는 장면이 있으니, 바로 '과거 사건 소환'이다.

"너 그때도 그랬잖아! 내가 딱 알아!"

"자기는 맨날(항상, 언제나, 또) 그럴 거잖아! 내가 모를 거 같아?"

불편한 상황이 발생하고 그 일 때문에 올라오는 감정에 기름을 끼얹고 불을 붙이는 것이나 다름없는 과거 소환은 매우 위험하다는 것이다. 막 발생된 상황과 연관이 안 될 수도 있고, 이미 잘못되었다는 것을 본인도 알고 있는데, 적극적으로 과거를 소환하는 것은 현재의 문제를 더 키우면서 두 사람 다 감정의 폭풍 속으로 빨려 들어가게 만든다.

"내가 뭘 맨날 그래!"

"그때가 언젠데 지금 말해?"

'아는 그림'은 감정을 조절하여 관계를 더 좋게 하기 위한 방법이다. '아는 그림'이 과거에 분노했던 장면으로 옮겨가면 감정은 더 힘들어지고 관계는 더 꼬이게 되므로, 혹시 잘못된 일을 바로잡아야 하거나 어떤 사건 때문에 화가 난다면 과거의 장면을 소환하지 말고 '딱 그 일'만 가지고 이야기하자. 소통과 관계가 위험해지는 것을 막을 수 있고, 흥분하지 않고 차분하게 대화를 나눌 수 있게 될 것이다.

'알고 보니~'와 '객관화 작업'을 거쳐 '아는 그림 시뮬레이션'으로 감정 조절을 하는 것은 지속적인 노력이 필요하다고 말할 때, 간혹 왜 나만 감정 조절을 해야 하는지 납득이 안 갈 수 있다. 특히 소통은 반드시 상대가 있기 마련인데, 상대는 변화할 생각도 노력도 안 하는데 나만 책을 읽어가며 배운 대로 연습하는 것이 또 다른 분노를 가져온다는 것이다. 이때 떠올려야 하는 것이 '이기적 소통'의 의미이다. 누구를 위한 감정 조절인지 다시 한번 생각하고, 정성껏 감정을 조절해보자는 것이다.

그리고 상황과 상대를 변화시키기 위한 소통도 흥분된 감정 상태에서는 실패할 수 있기 때문에 '선(先) 감정 조절, 후(後) 설득 소통'의 순서를 선택해야 하는 것도 잊지 말자. 이 방법만이 소통의 깃발을 내가 잡는 이기적 소통을 위한 지혜로운 선택임을 기분 좋게 받아들이고 실천해볼 것을 권한다.

〔 3 〕

이기적 소통을 위한 감정 조절 ③:
상황 해석하기

세상을 바꿀 수 없어도
내 마음은 바꿀 수 있다

"그래도 밥 먹을 시간은 있어서 다행입니다~."

"역쉬~ 우리 긍정의 아이콘 김 군! 우찌 그런 예쁜 생각을 잘 할까?"

공채 신입 직원 대상으로 교육을 진행하던 중, 장소가 변경되어 실습 교실까지 신속히 이동해야 하는 상황이 있었다. 교육 진행 담당자가 서둘러야 한다는 멘트를 할 때, 가방을 싸면서 어떤 직원이 한 말이었다. 신입들은 배우고 연습하느라 몸도 마음도 힘들 텐데, 항상 밝은 표정으로 적응해 나가는 모습을 보면 피로가 다 풀린다면서 애정을 가득 담아 말한다.

"저런 친구들은 내가 아무리 바쁘고 힘들어도 더 많이 알려주고 싶고, 실수를 해도 다 용서가 된다니까요."

우리는 상대나 상황이 컨트롤하기 어려운 지경에 이르는 순간, 불안과 불만, 분노 또는 당황스러운 감정의 폭풍에 빨려 들어간다. 반드시 필요하고 본능적인 이 감정적 반응 덕분에 생존할 수 있었던 것은 부인할 수 없지만, 그 순간을 맞닥뜨리면 불편하고 위태롭다. 시간이 지난 후 돌이켜보면 별 문제가 아니었어도, 이렇게 느끼는 당황함이나 비참함, 분노로 가는 감정은 그 순간만큼은 어찌할 바를 모르는 정지 상태가 된다.

그런데 이런 상황을 신기하게도 긍정적으로 만드는 사람들이 있다. 그들은 우리가 미처 생각해 내지 못한 유연한 사고를 발휘하여 긍정적 힌트를 제시하고, 기막힌 아이디어에 환호하게 하며, 고민거리를 털어버리고 크게 웃을 수 있게 한다. 때로는 유치하거나 현실적이지 않을 수도 있는 '묘책'이라도, 함께하는 사람들의 불안하고 힘든 감정을 긍정적으로 변화시키기 위한 노력임을 감지할 수 있어 고맙고 기특하다.

긍정이 행복한 삶에 주는 효과를 심리학의 관점으로 연구한 '긍정 심리학'은 부정적 감정을 없애는 것보다 안정과 평온, 기쁨과 즐거움 등 우리에게 있는 긍정적 감정을 찾아내는 시도로 더 많은 행복을 느낄 수 있다고 강조한다.

소통을 할 때도 긍정은 매우 귀중한 능력이다. 상대나 상황을 긍정하게 되면 부정적으로 흥분되었던 감정이 차분해진다. 특히 우리의 힘으로 변화시킬 수 없는 불가항력적인 상대나 상황이라도 재빨리 긍정적 태도로 감정을 다독일 수 있다면, 소통 결과는 만족스럽게 나타난다.

소통의 상황에서 긍정의 힘으로 감정을 조절하는 방법은 '다행이야~' 찾기이다. 이는 부정적으로 흥분된 감정을 진정시키고, 상황을 긍정적으로 이끄는 데 매우 효과적이다.

긍정의 '다행이야~' 찾기는 소통의 상황이나 상대를 돋보기로 자세히 들여다보면서, 또는 한 발짝 물러서 전체를 바라보면서 최선을 다해 모든 긍정적 요소들을 찾아내고, 더 이상 부정적 감정 때문에 소통을 망치게 두지 않는다

EQ가 뛰어난 사람은 한순간도 자신을 불행한 상태로 두지 않는다는 것을 기억할 것이다. '다행이야~' 찾기는 소통 상황에서 최선을 다해도 어찌할 힘이 없는 불가항력적인 문제에 부딪혔을 때 불행함을 느끼지 않기 위한 선택이다. 유연한 사고와 긍정의 힘을 발휘하여 스스로를 위로하고 안심시켜 불행한 느낌으로부터 나를 지켜내는 것이다.

"왜요? (해맑은 눈빛으로) 그거 제가 해야 하는 일인가요?"

"네! 그대가 해야 하는 일입니다."

업무 지시를 하면 자신의 일인지를 물어보는 신입 사원이 고민이라는 팀장님은 정말 몰라서 물어보는 경우라서 알려주면 곧잘 일을 하지만, '왜요?' 할 때마다 '욱!' 하고 올라오는 감정이 괴롭다고 했다. 감성 리더십 교육 때 배운 '아는 그림' 훈련을 했는데도 도전적인 눈빛과 목소리 톤이 무례하고 공격적으로 느껴져 자존심이 상하니, 올라오는 분노를 주체할 수 없고 그 직원이 점점 불편해졌다는 것이다.

"그 직원도 좋은 점이 있지 않을까요?"

"있긴 뭐가 있어요? 출근도 시간 딱 맞춰서 아슬아슬하게 오고, 퇴근은 또 칼같이 하려고 하고. 암튼 정이 안 가, 정이."

상대와 즐거운 소통을 하기 위해 긍정적 요소를 찾아내는 '다행이야~' 찾기는 상대를 위한 것이 아니라 철저하게 나를 위한 것이라는 것을 기억하자. 상대에게 공감하는 작업이 '이기적 소통'에 필요한 선택인 것처럼, 열심히 상대의 긍정적 요소를 찾아내야 내 감정이 힘들지 않기 때문이다. 진흙 속에서도 아름다운 연꽃이 피는 것처럼, 작정하고 찾아내면 반드시 나를 위로하고 안정시킬 수 있는 좋은 면이 있을 것이라고 믿어보자.

"그래도 그 친구, 설명해 주면 일은 잘해요. 똑똑해서 다행이죠."

깐깐한 상사가 우리 부서로 오신 경우, 신입 사원이 시키는 일만 할 경우, 대기 시간이 길어 소리 지르면서 불평하는 고객을 응대할 경우, 아들이 신던 양말을 침대 밑에 감추는 경우 등등, '알고 보니~'와 '객관화 작업', '아는 그림' 시뮬레이션으로 감정 조절이 안 되는 경우에는 '다행이야~' 찾기로 상대의 긍정적 면모를 적극적으로 찾으면 안정적인 감정 상태로 소통을 지속할 수 있다.

'아들은 또 신던 양말을 침대 밑에 감출 것이다. 그래도 짝은 맞추어 놓으니 다행이야.'라고 상황을 정리하면, 정돈된 감정 덕분에 미소를 지으며 머리를 쓰담쓰담 해주고 몹시도 다정한 목소리 톤으로 "그래도 세탁기에 넣어주면 고맙지." 하면서 무사히 소통을 마칠 수 있을 것이다.

'긍정 쏘니(Positive Sonny)' 손흥민 선수의 무한 긍정이 한때 회자가 된 적이 있다. 월드컵 예선 태국전을 대비하여 연습하면서 그는 "근데 잔디가 안 좋잖아? 그냥 잔디가 좋다고 생각하면 돼."라고 말했다. 팬들은 손 선수의 긍정성에 다시 한번 매력을 느끼며 "컨디션이 안 좋잖아? 그냥 좋다고 생각하면 돼." 등의 패러디를 만들기도 했다.

세상을 바꿀 수는 없지만 내 마음을 불행하지 않게 하는 방법이 있다면 기꺼이 해볼 일이다. 소통을 하는 내내 전두엽의 힘을 빌려 '객관화 작업(상황 인식)'과 '아는 그림 시뮬레이션'(상황 추측), 그리고 '다행이야~ 찾기(상황 해석)'로 지혜롭게 감정을 조절해 보자.

아울러 연세대학교의 김주환 교수는 『내면 소통』에서, 감정을 다스리려면 몸을 움직이는 것이 도움이 된다고 말한다. 생각과 함께 몸으로도 감정을 조절하는 노력을 하는 것은 우리의 삶 전체에도 엄청난 긍정적 영향을 줄 것이다.

우리는 '뱀의 뇌'가 아닌 평온한 감정 상태일 때 공격적이지 않은 신호로 말할 수 있고, 상대방의 표정과 심정을 살펴보면서 더 깊고 의미 있게 소통을 할 수 있다는 것을 기억해야 한다. 우선 내 감정부터 차근차근 다독여 보자.

이기적 소통을 위한 Tip _____

· 이기적 소통을 위한 나의 감정 조절 1단계는 상황을 정확하게 보는 '상황 인식'이다. '알고 보니~'로 사고를 확장하는 연습을 하고, 개인적인 일로 받아들이지 않는 '객관화 작업'을 연습해 보자.

· 감정 조절 2단계는 '아는 그림(돌부리)'을 확인하는 '상황 추측'이다. 어제 걸려 넘어진 돌에 다시 넘어지며 아파하지 말자. 적극적으로 대안을 마련하면 더 좋겠다.

· 감정 조절 3단계는 '다행이야~'를 찾는 '상황 해석'이다. 누구든 어떤 상황이든 긍정적인 측면은 반드시 있다. 내 힘으로 어쩔 수 없을 때는 긍정적인 요소를 찾아 감정을 전환하는 연습을 하자.

"기분이 안 좋잖아? 그냥 기분이 좋다고 생각하면 돼."

〔 4 〕

억울하다고 호소하기 전에
짚어봐야 할 것

책임과 의무를
다하지 않았다면

"삼가 고인의 명복을 빕니다."

어느 날, 아이를 낳아 행복하게 출생신고를 한 고객의 사연을 언론 기사로 접했다. 출생신고를 하고 일주일 후, 고객의 휴대폰으로 도착한 문자는 '삼가 고인의 명복을 빕니다. 사망신고가 처리되었습니다'였다. 고객은 어이가 없고 끔찍하기까지 한 심정으로 해당 구청에 가서 불같이 화를 냈다고 한다.

이 소식을 듣고, 공무원 교육생의 민원 응대 교육이 떠올랐다. 많은 공무 중 민원 응대가 가장 어려운 업무로 느끼는 직원들은 이 고객이 불같이 화를 내는 장면만 보고서 기피 대상 1호인 '진상 고객'으로 생각했는지도 모른다. 아니면 소통이 안 되는 안하무인(眼下無人) '불통 고객' 또는 직원에게 무례하게 자존심을 건드리는

210

성질 안 좋은 '나쁜 고객'이라고 생각하며 동료인 담당 직원을 걱정했을 수도 있다.

소통 장면에서 상대가 불만을 이야기하고 때로는 불같이 화를 낼 때 우리는 당황하게 되며 상황의 잘잘못을 가리기 전에 상대가 보여주는 신호에 감정의 고삐를 놓치고 함께 분노하게 된다. 소통이 위험해지는 순간이며, 억울하고 자존심이 상해버린 상태로 소통은 삐그덕거리기 시작한다. 이때 우리가 감지해야 할 것은 상대가 불편한 감정을 느끼는 이유이다. 이유가 있는 '화'인지, 그렇지 않은 지를 구별해야 한다는 것이다.

소통이 불편해지는 많은 이유 중에서 자신의 일을 완벽히 해내지 못해서 상대에게 불편을 주고 분노를 일으키는 경우가 있다. '출생신고'를 '사망신고'로 통보받은 고객의 '화'는 분명 이유 있는 '화'이다. 그리고 고객의 흥분한 얼굴과 격앙된 목소리를 들으면서 자존심이 상하게 되는 결과도 당연한 것이다. 이렇게 자신이 해야 할 의무와 책임, 즉 '본질적 가치'를 수행하지 못해 상대방으로부터 질책을 받거나 부정적인 피드백을 받으면, 자존심이 상하는 일을 겪게 되는 것이다. 소통이 멈추고 격분한 나만 남는다.

"○○씨는 그런 거 말고 지각하지 않는 것만 신경 써도 될 것 같은데요."

비행 근무를 할 때 자주 지각하던 직원이 승객수에 맞춰 서비스 운영을 유연하게 진행할 것인지 질문을 하자, 객실장이 했던 말이다.

승무원의 첫째 의무는 'show-up' 시간, 즉 지각을 하지 않고 비행 준비를 마치는 것이다. 항공사의 'on time'은 전 세계 항공사가 마케팅 전략으로 활용할 정도로 중요한 일이며, 당연히 승무원의 'on time'도 강력한 규칙이다. 늦지 않고 브리핑에 참석하는 것이 첫째 의무임에도 제대로 해내지 못한 상태에서는, 자신이 제시한 의견이 무시당할 수 있다.

자존심이 상해도 자신의 잘못이기에 할 말이 없다. 직원의 자존심을 과하게 건드리는 '소통을 못 하는 리더'라고 판단하기 전에 '제 역할'을 못한 직원을 먼저 생각해야 할 것이다.

나의 역할에서 의무와 책임을 다하기 위한 노력을 하고, 그 결과를 상대가 인정했을 때 자존심은 지켜진다. 이렇게 '본질적 가치'를 해냈을 때 자신의 자존감도 단단해진다. 나의 의무를 정확히 알고 책임을 달성하기 위해 어렵고 힘들어도 역량을 키우고 노력하며 진심을 다하는 태도는 상대에게 인정과 존중을 충분히 받으며, 긍정적으로 당당하게 소통할 수 있는 힘이 된다. 그러므로 상대의 공격적 행동에 억울해하기 전에 자신이 의무와 책임을 다했는지 먼저 생각해볼 일이다.

여기서 본질적 가치는 함께하는 모든 관계에서 내가 맡게 되는 역할을 제대로 해내기 위한 '의무와 역량, 책임 수행' 등을 뜻한다. 김치찌개 전문점의 본질적 가치는 멋진 인테리어가 아니라 '맛있는 김치찌개'이고, 냉장고의 본질적 가치는 예쁜 디자인이 아니라 '냉장, 냉동 능력'인 것처럼 본래 자신이 해야 할 일을 잘하는가의 의미이다.

부모의 본질적 가치는 자녀를 잘 돌보는 것이고, 상사의 본질적 가치는 조직을 리드하고 책임지는 것이듯, 자신의 역할을 다 해내는 본질적 가치는 함께하는 사람과의 소통을 자신 있게 할 수 있는 필수적인 에너지가 된다. 책임과 의무를 다하지 못했을 때는 상대의 의견에 반박할 수도 없으면서 자존심만 상하는 상황이 생길 수 있기 때문이다.

만약 나의 의무를 다하지 못했다는 판단이 설 때는 상대의 흥분된 표정과 격앙된 목소리에 자극받아 감정의 혼란 속에 빠지는 '뱀의 뇌'가 되지 말고, 재빠르게 인정하고 사과함으로써 상대의 감정을 신속하게 진정시키고 문제가 더 커지지 않게 하는 것이 최선이다.

또한 본질적 가치의 수행은 너무 당연한 것이기에, 힘들고 어려워도 이를 수행했다고 상대에게 칭찬을 기대하거나 알아보고 감동해 주기를 기대한다면 관계도 소통도 힘들어진다.

"우리 가게는 정성을 다해 설렁탕을 만듭니다. (나 잘했죠?)"

"제가 너무 바빴지만 보고서 작성은 다 했습니다. (나 잘했죠?)"

음식점에서 정성을 다해 준비하는 것, 바빠도 보고서 작성이 본인의 일이면 해야 하는 것은 당연한 본질적 가치이다. 의무인 일을 하고 상대가 감동해 주기를 바랄 때, 원하는 만큼 반응이 안 나온다고 실망하고 무시당했다고 생각하며 스스로에게 상처를 주면 관계도 어려워질 수 있다.

그러므로 내가 해낸 본질적 가치는 당연한 것이고, 상대가 안 알아주어도 그만이라는 마음의 컨트롤은 상대와의 갈등을 발생시키지 않고 소통을 평온하게 만드는 이기적 소통의 준비이다. 힘들고 어려워도 나의 의무를 의연하게 해낼 때, 자격지심(自激之心) 없이 움츠러들지 않는 당당한 소통이 가능해진다.

나의 자존심을 지키기 위한 의무를 다하는 '본질적 가치' 개념을 이기적 소통에서 더 잘 활용하는 기술은 상대가 의무와 책임을 다했을 때는 긍정적 반응을 보이는 것이다. '본질적 가치'를 잘 해내는 일은 누구에게나 쉽지 않다. 역량이 안 될 때도 해야 하고, 몸과 마음이 힘들어도 해야 하는 일인 것은 알지만, 사람인지라 지치고 속상할 때도 있고 힘에 부쳐 다 이루지 못할 때도 있다. 그러나 결국 해냈을 때 '당연한 것이지만 칭찬받는 일'은 기쁘고 즐겁다.

"아이고, 지각하지 않으려고 뛰었구나. 물 한잔 마시고 시작하자."

"김 대리, 감기 몸살로 힘들었을 텐데 워크숍 준비하느라 수고했어."

"사장님, 어쩐지 국물이 아주 깊고 맛있습니다. 잘 먹겠습니다."

"기사님, 비도 오고 찾기도 어려운 길인데 안전하게 잘 왔습니다. 감사합니다."

"자기야, 이번 주 분리 수거 할 때 비가 와서 힘들었지?"

당연한 것이지만 해낸 과정에 대해 인정받는 일은 관계의 에너지를 끌어올리고, 상대에게 더 잘해주고 싶은 마음을 만들 수 있다. 본질적 가치를 완벽하게 수행한 상대를 충분히 인정하고 찬사를 표현하는 것은 나와의 관계가 즐거운 일인 것임을 확신할 수 있게 하는 즐거운 소통 기술이다.

소통은 서로의 마음에서 긍정의 에너지가 샘솟을 때 두 사람 모두가 충분히 만족할 수 있는 결과를 가져온다. 결국 소통을 하는 과정에서 함께하고 싶다는 감성 신호가 끊임없이 전달되어 평온하고 즐거운 마음으로 상대를 대할 수 있을 때 관계는 지속될 수 있는 것이다. 내가 할 의무를 최선을 다해 해내는 것, 그리고 상대의 애씀은 인정하고 돌봐주는 표현은 구체적이고 사실적이어서 나와 행복하게 함께하는 것을 가능하게 할 것이다.

이기적 소통을 위한 Tip

· 당당한 소통은 나의 책무인 '본질적 가치'를 다할 때 가능해진다. 직장인이
라면 R&R(Roles and Responsibilities), 즉 역할 분담과 책임에, 가족관계
라면 자기의 역할에 최선을 다하고 당당하게 소통하자.

· 책무를 다하는 것은 당연한 일이므로 상대의 감동과 칭찬은 기대하지 않는
다. 기대만큼 실망하게 되면 엉뚱한 상황으로 관계가 힘들어질 수 있다.

· 상대가 행한 책무(본질적 가치의 이행)에는 감동과 감사를 표현하자. 인정
과 돌봄으로 관계는 더욱 돈독해지고 행복해진다.

〔 5 〕

상대방의 요구에 의문이 생길 때 대처법

66

긍정하되
이유를 물어보자

99

"그거 제가 해야 됩니까?"

"내가 그것까지 하는 게 맞아?"

상대의 요구에 의문이 생길 때, 특히 상대가 직장 상사나 윗사람일 경우에는 때로는 부당하다는 생각을 하면서도 차마 거절하지 못할 때가 있다. 우리는 정확하게 이해되지 않은 상태에서는 많은 오해를 할 수 있기에, 머릿속에서는 '왜?'라는 단어를 떠올리면서 투덜거리지도 못하고 무거운 침묵으로 어쩔 수 없이 움직여야 하는 때가 있다.

'왜 자기 일을 나한테 시키지? 내가 만만한가? 시키면 다 하는 줄 아나? 그러면 내 일이 늘어나는 거 아니야?'

상대의 요구를 완전히 이해하지 못한 상황에서는 속상한 마음을 감추기 힘들고 불편한 태도를 들키는 경우 새로운 갈등이 생긴다. 당연히 긍정적인 소통에는 실패하게 되고, 좋았던 관계였어도 어색해질 수 있다.

그러면 관계의 유지를 위해 의문이 있어도 입 다물고 참으면서 무조건 해야 하는가? 당연히 그럴 필요는 없다. 그러나 나의 의문을 해소하고 상대와의 관계도 흔들리지 않게 하는 기술은 필요하다. 직장에서 업무를 할 경우, 상사의 지시는 혹시 내가 해야 할 일(나의 본질적 가치)을 하지 않아서 발생한 일이거나 급한 업무일 수도 있으므로, '우선 행동' 하는 것이 좋다. '우선 행동' 하는 경우 명쾌한 '예스!'의 태도를 보이며 성실히 수행하는 것이다.

"넵! 다녀오겠습니다."

깔끔하게 수행한 후, 그다음 순서로 정중하게 '나중 질문'을 하는 것이다.

"혹시 이 일이 제가 해야 하는 건지요?"

물론 질문을 하는 태도에서 그 후 두 사람의 관계가 달라질 수 있다. 관계가 더 좋아지거나 아니면 몹시 어색해져 같은 시간, 같은 공간에서 함께하는 것이 힘들어지기도 한다. 따라서 이 상황을 해결하는 기술의 하이라이트는 '질문하는 태도'이다. 다음 장에서 자세히 다룰 '말하는 태도'를 참고하면 도움이 될 것이다.

또한 '질문하는 태도'와 함께 '질문을 하는 상황'도 고려해야 한다. 특히 부당한 일인지 아닌지가 의문이 들 때, 전체 동료가 함께하는 회의 시간이나 사무실 내에서보다는 지시한 사람과의 개별적인 소통을 통해 정리하는 것이 좋다.

또한 상습적으로 부당한 일을 지시하는 상사에게는 '우선 행동'을 하기 전, 회의 중에 표현하는 것이 좋다. 이때 "그거 제가 해야 되나요?"라고 묻기보다는 "그 업무는 ○○ 파트에서 하면 더 효율적일 것 같습니다. 저는 교육 프로그램을 분석해서 결재 올리겠습니다, 팀장님." 이런 식으로 최선을 다해 존중의 표현을 하면 된다. 부당한 일이라도 상대를 배려하고 존중하는 이기적 소통 방법은 결국 나에게 유리하게 작용하기 때문이다.

'우선 행동' 후 훌륭한 태도로 '나중 질문'을 하면 의문에 대한 답을 두 가지 형태로 들을 수 있다.

첫째, "맞아! 모르는 것 같아서 말해 준 거야."이다. 신입 사원의 경우나 보직이 바뀌어 처음 접하는 일은 내가 해야 할 부분이 어디까지인지 미처 파악이 안 되었을 수 있다. 물론 오해 없도록 이유와 방법을 설명하면 이런 불편한 의문을 갖지 않게 되지만, 앞뒤 자르고 '툭' 할 말만 하는 상대에게 소통법을 알려줄 수는 없는 노릇이다(그런 분께는 이 책, 『이기적 소통』을 추천해 드리면 좋다.). 그리고 이럴 때는 소통에 서툰 상대방에게서 받은 감성 공격에 휘둘리지 않고 '어쩌면…일 수도'로 '알고 보니~' 사고의 확장 기술을 사용하여 솟구치려는 나의 감정을 붙들어야 한다.

"아, 네. 알겠습니다. 다음부터 제가 하겠습니다."

답을 들었다면 의문은 해결되고, 그 일은 정확히 수행하면 될 일이다.

그런데 질문에 대한 둘째 대답은 다음과 같을 수도 있다.

"아니야. 그거 원래는 내 일인데, 너무 바빠서 부탁했던 거야. 고마웠어."

이 역시 의문이 해결되는 순간이며, 게다가 질문 덕분에 상대에게 고맙다는 말까지 들을 수 있다.

앞에서 소개한 '진짜 속뜻은 그게 아니야' 편은 진심을 정확히 표현하지 않아서 생겨난 오해가 서로에게 상처를 주고 관계를 힘들게 하므로 '진짜 속뜻'을 밝혀야 한다는 내용이다. 상대가 할 말을 자세히 하지 않아 의문과 오해가 생긴다면, 우리가 적극적으로 알아내서 오해를 풀고 투명하게 소통할 수 있도록 해야 한다. 문제는 오해를 풀기 위한 '질문'과 '행동' 중에서 어느 것이 먼저인가 하는 것이다. 이때는 이기적 소통의 측면에서 상대의 요구를 먼저 들어주는 것을 권하는 바이다.

해야 할 일을 지시받은 경우이건, 상대에게 도움을 주는 경우이건 '그거 내가 해야 할 일인가요?' 질문을 먼저 하는 것은 상대가 상사, 또는 나보다 연배가 있는 사람인 경우 더욱 상대의 의지에 반하는 태도로 느껴질 수 있기 때문이다. '우선 행동' 그리고 '나중 질문'으로 순서를 지혜롭게 활용하면, 관계도 소통도 긍정적인 결과를 가져올 수 있으므로 굳이 상대의 심기를 건드릴 필요는 없다.

가장 좋은 소통 방법은 명확하게 상황을 말해 주는 것이다. 함께하는 사람과 결코 함께하면 안 되는 것은 의심과 억울한 감정의 공유이다. 의심과 억울함은 두 사람의 갈등을 예고하고 불통으로 이어진다.

그러나 의심과 억울함을 즉각적으로 해소하기 위한 '즉각적 질문'은 감정적 문제로 치달을 수 있으므로, 질문에 앞서 상대의 뜻을 따르는 '우선 행동'을 하기를 권한다. 이 방법은 부당한 것에 대한 태도를 명확히 하는 상황에서도 감정적 손실 없이 해결할 수 있는 이기적 소통 방법이기 때문이다. 만약 '우선 행동'이 어렵다면 이어지는 다음 내용을 참고하기를 권한다. 감정적 불편함 없이 거절할 수 있는 또 다른 이기적 소통 방법을 소개한다.

단호박 거절보다
합리적인 대안이 낫다

"됐고! 내 마일리지가 있으니까 비즈니스로 업그레이드 해주세요."

장거리 비행을 할 때 탑승이 완료된 후 이륙 준비를 하는 과정에서 간혹 좌석 업그레이드를 요청하는 고객이 있다. 본인이 마일리지가 많으니 기내에서 좌석을 업그레이드 해달라는 것이다. 항공사 매뉴얼은 좌석이 남아 있어도 기내 업그레이드가 금지되어 있고, 승무원에게는 권한도 방법도 없다.

"고객님, 규칙상 기내 업그레이드는 금지되어 있습니다."

정확한 정보를 전달하고 승무원은 권한이 없음을 강조해도 고객은 계속 자신의 뜻을 관철하는 경우가 있다. 상황을 들여다보면 자신에게 말한 내용보다 거절당한 것에 감정이 상해서 목청을 높이는 경우가 있다. 특히 '규칙상', '항공법상', '절대', '금지' 등 부정적인 단어를 반복할 경우 상황을 이해해도 기분이 나빠져, 태평양을 건너는 내내 다른 서비스에 대해서도 불만을 표시하며 본인도 불편한 시간을 보낸다.

우리가 가장 크게 자존심이 상하는 경우는 거절을 당했을 때이다. 거절당한 이유가 무엇이든 거부당했다는 것은 존중받지 못하고 무시당했다고 받아들이며, 감정의 뇌는 거절한 상대를 무찔러야 하는 적으로 간주한다. 무조건 이겨야 한다는 호전적인 태세로 어깃장을 놓고, 이해가 된 이후에도 반항심과 오기로 버틴다.

거절을 해야 하는 입장이 우리라면, 상황은 어려워지고 힘든 시간은 자꾸 길어진다. 선명하게 거절하고 힘들지 않게 상대를 이해시키기 위해서는 상대방의 자존심을 건드리지 않고 거절하는 소통 기술이 필요하다. 이때는 '우선 행동'이 아닌 다른 방법을 사용해야 한다.

부정적 단어는 나 자신에게도 말하지 않아야 함을 강조한 것처럼, 상대방에게도 부정적 단어는 최선을 다해 삼가야 한다. 부정적 단어에 더하여 거절을 당했다는 사실까지 확인이 되면 감정의 폭주는 예상된 결과이다.

"항공법상 금지되어 있으니 양해 바랍니다."

"막걸리는 서비스 품목에 없습니다."

"지금 데리러 못 가."

이때는 우선 부정적 단어를 부드러운 느낌으로 변화시켜 전해야 한다.

"항공법에 기내 업그레이드를 할 수 없게 만들어 놓았습니다."

"막걸리는 준비되어 있지 않습니다만."

"지금 데리러 가기 어려운데."

여기에 심정을 공감하는 표현과 '적어도 세 마디 기법'을 사용하면 거절이지만 감정을 배려하는 것이 느껴져서 상대는 공격의 빗장을 서서히 풀기 시작한다.

"고객님, 항공법에 기내 업그레이드를 할 수 없게 만들어 놓았습니다. 저희도 안타깝습니다."

"막걸리는 준비되어 있지 않습니다, 고객님. 다른 음료는 어떠실까요?"

"자기야, 지금 데리러 가기 어려운데, 어쩌지?"

거절하는 문장이 점점 나아지고 있다는 것을 느낀다면, 한 단계를 더 보태서 문장 제일 앞에 강한 긍정의 단어 '예스'로 시작해

보자. 물론 '네!'라고 하는 완벽한 긍정이 아닌 '네…'의 공감의 긍정을 말하는 것이다.

'네…'로 어미를 끌면서 상황과 심정을 공감하는 목소리 톤으로 전해지는 거절은 섭섭한 감정을 위로받게 되며, 더 신속하게 상황을 받아들이게 만든다. 첫 단어를 긍정으로 하는 것은 상대방의 감정의 뇌(편도체)에 순간적인 감성 착각을 만들 수 있으며, 부정적인 감정을 긍정적으로 끌어오는 데 큰 역할을 한다. 일단 '예스'는 거절이 아니기 때문이다. 또한 상대와 의견이 다를 때도 첫마디를 '예스'로 시작한다면, 나와 다른 편이 아닌 같은 편의 느낌(실제로는 감정의 뇌의 착각)을 유지하며 수용과 존중을 이어 나갈 수 있다.

거절이나 반대 의견을 제시할 때 긍정으로 하는 'YES' 방법은 'Yes But'과 'Yes and'로 사용할 수 있다. '네… 그런데'로 거절과 반대 의견을 제시하고, 그래도 수긍이 안 되는 상황에서는 '네… 그러면'으로 합리적인 대안을 제시하여 상대의 상황에 최선을 다하고 있음을 표현하면 완벽한 소통이 된다.

"네… 그런데 고객님, 항공법에 기내 업그레이드를 할 수 없게 만들어 놓았습니다. 저희도 안타깝습니다."

"왜 안 된다는 거죠? 비즈니스석 자리가 많이 남았던데! 이코노미는 너무 좁아요."

"네… 그러면 이코노미석에서 양옆이라도 여유 있게 앉으실 수 있는 좌석이 있는지 알아봐 드려도 될까요?"

단호박 거절보다 합리적 대안에 수긍할 가능성이 높아지며, 아슬아슬했던 소통 분위기는 위기를 넘긴다.

"응… 그런데 자기야, 지금 데리러 가기 어려운데, 어쩌지?"

"언제 끝나는데? 기다릴까?"

"응… 그러면 언제쯤 끝날지 전화할게."

처음 제시했던 "지금 데리러 못 가."와 비교하면, 상대의 감정을 배려하는 수준이 높아지고, 거절도 세련되게 한 소통이다.

또한 '우선 행동'이 어려운 상황에서 갈등을 발생시키지 않고 반대의 뜻을 전달하려면 이렇게 말하는 것이 효과적이다.

"네… 그런데 팀장님, 저는 연수원 답사를 다녀와야 해서 시간이 부족합니다. 제가 교보재까지 준비하기는 어려울 것 같으니 교보재는 ○○씨가 준비해도 될 것같습니다만."

"신입 사원이 뭘 알아? 펑크 나면 어쩌려고."

"네… 그러면 제가 ○○씨에게 알려주고 최종 체크는 제가 하겠습니다."

팀장님의 지시에 반대 의견을 제시했지만, 이 소통 방법은 상

부드럽게 따뜻하게 명료하게

227

황을 선명하게 알리고 합리적 대안도 마련하였기에 반항하고 있다고 느껴지지 않는다.

단순한 예시로 설명한 내용이지만, 첫 단어를 'YES'의 긍정으로 시작하는 것만 기억한다면, 복잡한 상황과 경우에서도 충분히 긍정적 거절과 반대 의견 제시하기를 할 수 있을 것이다.

이쯤에서 다시 '왜? 나만 이런 노력을 해야 하지?', '이런 소통 스타일 답답하고 전혀 내 스타일이 아닌데?'가 떠오른다면 이기적 소통의 의미를 다시 생각해 보기를 바란다. 『다정한 것이 살아남는다』는 우리 편이 아니라는 판단이 서면, 철저하게 외면하고 공격할 준비(죽일 준비)를 하는 것이 우리의 본성이며, 같은 편으로 인정받아 원하는 것을 얻기 위해서는 '다정함'을 발휘한 협력 작전이 성공적이었다고 명시하고 있다.

상대의 의견에 반대의 뜻을 전하거나 거절을 해야 할 경우에는 상처를 주는 '단호박 거절'로 적을 만들기보다, 다정한 협력 작전으로 내 편임을 확인시키는 것이 더 효과적이다. 그러므로 긍정의 첫 단어를 사용하여 불편한 감정을 보살펴야 한다. 덧붙여 거절이나 반대에서 끝나는 것이 아닌 합리적 대안을 제시하여 사고를 확장하도록 돕는다면, 기꺼이 '함께하기'에 손을 잡는 성공적인 소통이 될 것이다.

이기적 소통을 위한 Tip

- 부당한 상황이라고 의심이 들 때는 '우선 행동' 그리고 '나중 질문'의 소통 방법이 좋다. 위험한 순간에 모두의 감정을 건드리지 않고 투명하게 소통하는 방법이다.

- 거절을 할 때도 'Yes'를 먼저 하자. 물론 긍정이 아닌 상황 이해에 대한 'Yes…'이다. 'Yes… but',과 'Yes… and'는 감정을 건드리지 않고 상대를 이해시키는 소통 방법이다.

- '우선 행동'이 어려운 상황에서는 거절의 'Yes'로 첫마디를 응대한 후, 대안을 제시하여 적극적으로 문제를 해결하려는 모습을 보이자.

무뚝뚝한 성격을 친절하게 변화시키는
다정다감 대화법

"

무슨 말인지 알겠는데
기분이 나쁘다니까

"

"네가 만약에 목소리를 좀 크게 말한다든지 빨리 말을 했다면 나한테 뺨을 몇 번을 맞았을 거야."

예능 프로그램에서 한 연예인이 어느 게스트에게 대놓고 한 이야기이다. 함께하던 동료들은 박장대소하며 그의 말에 맞장구를 친다.

"맞아. 다정하고 예쁜 목소리로 느리고 차분하게 말하는데 할 말은 다해. 듣다 보면 우리 얘기에 반대하는 건데도 고개는 끄덕이 게 되잖아. 예쁘게 말하는 게 이렇게 중요해."

소통 상황에서 나의 뜻을 자유롭게 피력할 수 있다는 것은 소통이 잘되고 있다는 뜻이기도 하다. 할 말을 못 하는 분위기는 어렵고 힘든 관계이며, 겉도는 단어들로 주고받는 말들은 깊이가 없고 가볍다.

그러나 나의 뜻을 전달할 때 방법이 잘못되면, 좋았던 관계도 어색하고 불편해질 수 있다. 오해를 줄이는 언어 습관은 단어와 문장의 선택도 중요하지만, 목소리의 톤과 어조로 전달되는 총체적인 느낌도 상당히 큰 역할을 한다. 흥분되지 않은 표정과 태도로, 높지도 너무 낮지도 않은 적당한 톤의 다정한 소리는 상대의 감정을 건드리지 않고 느끼는 뇌를 편안하게 하여 반대 의견을 제시하거나 부정적인 피드백을 해도 수용하게 만든다.

감정의 뇌에 입력되는 감성 신호는 눈빛, 표정, 제스처 등 시각적인 요소가 가장 크다. 하지만 소리로 전해지는 신호 역시 소통의 분위기에 큰 역할을 한다. 미국 버클리 대학교의 명예교수인 심리학자 앨버트 메러비안은 1981년 『침묵의 메시지』에서, '소통을 할 때 영향을 주는 감성 신호는 시각적인 부분이 55%로 가장 높으며, 소리 신호는 38%, 단어와 문장은 7%'라는 연구 결과를 발표했다. 비록 40여 년 전의 연구 자료이기는 해도, 이 논리는 오늘날까지 유효하게 적용되고 설득력을 갖고 있다. 내가 하고자 하는 말을 상대방이 수용할 수 있도록 이해시키기 위해서는 단어와 문장으로 정보를 전달하는 과정이 중요하며, 잘못된 언어 습관으로 부정적 감정을 유발한다면 소통은 실패하는 것이다. 상대가 이해는 해도 기분이 나빠지기 때문이다.

소통 현장에서 언어 습관의 결과와 관련된 연구 중 의사의 목소리 톤이 환자들에게 고소당하지 않는 데 어떤 영향을 주는지에 관한 흥미로운 연구가 있다. 날리니 앰바디 박사는 「외과 의사의 어조가 의료 과실에 미치는 영향에 관한 연구」에서, 고소를 자주 당하는 외과 의사의 어조에 대해 말한다. 의사가 환자에게 설명하는 과정에서 단어와 문장은 물론 언어를 제외한 어조만으로도 느껴지는 감정은 긍정과 부정으로 극명하게 나뉘었다. 당연히 목소리 톤에서 부정적 감정을 느끼게 말하는 의사는 다정하게 설명하는 의사에 비해 상대적으로 고소를 많이 당했다는 결론이다.

의료 전문가의 본질적 가치는 진단과 처방, 치료인데, 최고의 실력으로 완벽히 수행해도 목소리 톤 때문에 고소를 당한다면 억울할 것이다. 목소리의 톤과 어조는 들리는 순간 말하는 사람의 태도를 떠오르게 하며, 눈빛과 표정 그리고 제스처까지 짐작할 수 있는 정보를 제공한다. 내용과 관계없이 목소리의 어조만으로도 충분히 기분이 나빠질 수 있다는 것이다.

20여 년 가까이 환자의 상당수를 팬으로 가진 'S대 병원 안과계의 현빈' 선생님이 계신다. 그분은 실력과 소통 능력을 겸비한 완벽함으로 지역을 평정하고 있다. 아무리 기다려도(평균 1시간 이상) 진료를 받고 나오는 환자와 보호자는 불쾌해하지 않으며, 다음 방문 때도 숙명 같은 기다림을 감수한다. 선생님의 다정한 목소리와 따뜻한 어조로 소통하는 진료 실력 덕분이다. 선생님의 언어 습관이 본성이라는 것은 S대 병원 본원 안과 선생님을 대상으로 '환자에게 다정하게 소통하기' 교육을 진행할 때 알게 되었다.

"아, 누군지 알 거 같아요. 혹시 이○○ 선생님 아니세요? 그 선생님, 대학병원에서도 다정해서 환자들이 좋아했어요."

수많은 S대 출신 개업의 중에서 정확히 '이 선생님'을 지목할 수 있었던 것은 언어 습관에서 전해지는 긍정적인 측면이 동료들의 기억에 남을 만큼 따뜻했기 때문이었을 것이다.

상대에 대한 존중의 언어 습관은 부부 상담 분야에서 세계적으로 유명한 존 고트만 박사의 연구에서도 뚜렷하게 나타난다. 고트만 박사는 부부의 일상적인 대화를 15분 정도만 관찰하고도 5년 안에 헤어질지 아닐지를 95% 적중시킨 연구 결과를 언급한다. 두 사람의 대화에서 사용하는 단어와 표정의 변화, 특히 모멸감을 주는 태도와 목소리로 말을 했을 때는 반드시 헤어지게 된다고 말한다. 이미 관계가 힘들어져서 멸시하는 태도와 언어를 사용했는지, 아니면 모멸감을 주는 언어 습관과 태도 때문에 관계가 힘들어졌는지에 대한 자세한 내용은 밝혀지지 않았다. 하지만 다툼을 할 때 조차도 '잘 다투어야 함'을 강조하며 자존심을 건드리는 태도와 단어, 목소리의 톤과 어조는 관계에 치명적인 결과를 가져온다는 것이다. 우리의 '감정의 뇌'는 '이해하는 뇌'보다 행동을 선택하고 마음의 결심을 하는 데 신속하게 사용된다는 것을 잊지 말자.

'화난 것 아닙니다. 경상도 사람이라 그래요.'

얼마 전 SNS에 올라온, 어느 개인 병원의 진료실 입구에 붙어 있는 안내문이다. 한국인이라면 '경상도 싸나이'의 의미는 설명하지 않아도 '아… 경상도 싸나이~' 하며 그 느낌을 공유할 수 있다. 다소 무뚝뚝한 표정과 목소리 톤으로 간결하고 짧게 말하는 특징을 보여주는데, 원장님이 화난 것 아니냐는 이야기를 환자와 보호자로부터 많이 들었는지 해명을 위해 붙여놓은 것이다. 처음 접했을 때는 너무 재미있어 웃었는데, 사실 소통과 관련해서 말하면 다소 위험한 입장 표명일 수도 있다는 생각이 든다.

함께하는 사람이 소통 방식에 대해 오해하는 일이 많아 불편하다고 말할 때, '난 원래 그래!' 하는 것으로 이해될 수 있기 때문이다. 오은영 박사의 〈금쪽 같은 내 새끼〉 중에서 아버지의 큰 목소리가 아이에게 스트레스를 유발한 사례를 보면, 마음은 아니어도 표현하는 방식과 태도에서 이미 불통은 시작된다는 것을 알 수 있다.

"아빠가 너를 위해서 하는 말이야!"

화난 거 아니니 불쾌하게 생각하지 말라는 말을 할 때도 상대가 불편해하는 방식으로 소리를 지르고 거친 단어를 사용하는 언어 습관은 관계 갈등을 일으키기 충분한 감성 공격이다.

[신발 분실 시 책임지지 않습니다!]

[화장지 외 이물질 사용 금지!]

[침을 뱉지 마시오! 발견 시 엄벌에 처함!]

공공장소에 표시된 안내 문구는 공동생활을 위한 금기 사항을 알리기 위한 장치이다. 하지만 문장 내용에 따라서 반항심이 생기는 경우가 있다. 직접 들은 말이 아니라 목소리의 톤이나 어조로 감정이 건드려진 것은 아니지만, 마치 그 말을 들은 듯 '무슨 말인지 알아듣겠는데 기분이 나빠'지고, 금기 사항을 행하지는 않지만 불쾌해져 괜히 어깃장을 놓고 싶어진다.

[변기가 막히면 고객이 기가 막히고 / 직원에게 말하면 직원이 기가 막히고 / 직원이 바빠 사장님이 출동하면 사장님이 기가 막힙니다. / 휴지 이외의 이물질은 우리 모두를 기가 막히게 합니다.]

어느 관광지 카페 여자 화장실에 붙어 있는 안내문이다. 간절함이 묻어난 직원들의 심정도 전달이 잘되었으니, 변기에 이물질을 넣지 않는 행위는 기분 좋게 지켜질 것이라는 확신이 들었다. 대면 상태가 아니어도 전달하는 말의 문장은 감정을 충분히 느끼게 할 수 있다. 일단 기분이 나쁘면 어떤 형태든 소통은 어려워진다.

소통의 본질은 전달하는 내용을 이해시키는 과정보다 긍정적 감정을 공유하는 기회를 나누는 소중한 순간이다. 감정에 영향을 주는 목소리의 톤과 어조를 잘못 사용하면, 상대는 '말귀를 못 알아듣는' 이해의 문제가 아니라 '함께하고 싶지 않은' 관계의 문제가 될 것이다. 디지털을 이용한 소통에서도 감정을 표현하는 이모티콘을 사용하기 위해 아낌없이 돈을 쓰는 것처럼 우리의 본성은 감정을 교환하는 존재이다.

따라서 감정을 중심에 두고 대화하지 않으면 관계와 소통 모두 어려움을 겪을 것이다. 상대의 감정을 고려한 존중과 공감의 언어습관은 성격과 관계없이 충분히 연습해야 하며, 그 방법들은 이 책을 포함하여 수없이 많은 자료가 있다. 상대를 놓치고 싶지 않다면, '나는 원래 그렇게 말해.', '나는 원래 목소리가 그래.'가 아니라 어떻게 말해야 기분이 안 나빠질까를 고민해야 할 것이다.

237

다정함 장착을 위한
호칭과 목소리의 콜라보

"어, 안 돼! 그렇게 부르지 마라. 마음 약해진다."

"아, 또 왜 그렇게 말하냐? 거절하지도 못하게!"

"아니, 엄청 다정하게 말하니까 안 된다는 말을 못하겠더라고요."

같은 내용의 말도 표현하는 방식에 따라서 소통의 결과가 달라진다. 그래서 '무엇'을 말하는가보다 '어떻게' 말하는가가 더 중요하며, 조금 더 나아가면 '누가' 말하는가에 따라 결과가 달라진다는 결론에 도달한다.

'진짜 속마음은 그게 아닌데.' 하며 안타까운 경우를 자주 경험한다면, 이제 제대로 전달하는 소통 기술을 배워야 할 때이다. 감성 소통 교육을 진행할 때, 성향에 안 맞는 사람들은 도저히 못할 거 같다며 다시 원점으로 돌아가는 경우가 있다. 지금까지의 언어 습관을 어떻게 갑자기 바꾸냐며, 또 왜 그런 방법으로 말을 이상하게(?) 해야 하느냐며 질문하는가 하면, 남자들은 여자처럼 말하는 법을 알려주면 어떻게 하냐고 당황스러워한다.

그러나 지금부터 소개되는 '어떻게' 말하는가의 방법은 남녀와 관계없이, 또 성향과도 관계없이, 가장 기본적으로 상대방의 감정의 뇌를 긍정적 분위기로 유지할 수 있도록 하는 최선의 감성 신호라는 것을 미리 말해두고 싶다.

우선 비언어적 신호, 즉 눈빛이나 표정 그리고 복장, 제스춰 등과 관련된 내용은 다음 장에서 소개하고, 이 장에서는 언어적 신호를 다듬는 방법을 소개한다.

대화를 시작할 때는 가장 먼저 '호칭'을 부른다.

"밥 먹어."보다는 "아들, 밥 먹어."가 좋고, "들어올 때 우유 사다줘."보다는 "자기야, 들어올 때 우유 사다줘."가 좋다.

호칭은 상대가 듣고 싶은 호칭을 부르는 것이 바람직하다. 호칭으로 시작하는 소통은 상대와의 관계와 감정을 확인하는 순간이다.

또한 호칭을 부르는 목소리의 톤과 어조에 충분히 존중받고 사랑받고 있다는 신호가 전달되게 하려면, 호칭 말끝에 이모티콘

(~)이 붙은 듯 끌어주어야 한다. 단어에 말끝을 딱 자르지 않고 어느 정도 끌어야 긍정적인 느낌을 줄 수 있는 것이다.

"아드을~!"

"팀장니임~!"

호칭을 말할 때 말끝을 끌어주는 것은 '클라이맥스 효과'를 소통에 활용한 것이다. 클라이맥스 효과란 행동 경제학에서 나온 논리로, 사람들이 시간 순서상 가장 마지막에 기억된 것이 가장 중요한 것이라 판단하고 영향을 받는 경향을 말한다. 지루하다고 느꼈던 영화도 마지막 몇 초가 강렬하면 지인에게 추천해 주는 영화(내 경우에는 〈마담 프루스트의 비밀 정원〉이 바로 그 영화이다!)가 되고, 가수가 콘서트의 마지막 곡을 어느 것으로 할 것이냐를 심각하게 고민하는 이유이다.

'끝이 좋으면 다 좋다'고 느끼는 것처럼 호칭뿐만 아니라 말끝을 끌어주는 것은 다정함이 표현되는 중요한 기술이다. 자신의 음색과 성향상 다정함을 표현하는 것이 어렵다면, 이 클라이맥스 효과라도 노려보아야 할 것이다.

"무슨 말인지 알겠는데, 내는 몬합니더! 죽어도 안 됩니더!"

교육생 중 경상도 사나이가 포기 의사를 밝혔을 때, 함께하던 교육생 모두가 "팀장님~, 그냥 말끝을 사알짝 끌어보시라니까요~. 한번 해보세요~~." 하며 독려했다.

"여보~~ 저녁 먹었어~~? 어라? 되네? 우짜노? 신기해라~."

경상도 사나이는 놀람과 쑥스러움에 얼굴이 상기되었고, 교육생들의 기립박수를 받았다. 필요를 느끼고 방법을 알게 되었다면 연습하면 된다. '행복한 함께하기'라는 소통의 동기를 잊지 말고, 소통 전문가들이 연구를 통해 소개한 방법을 믿어보자.

'클라이맥스 효과'를 호칭과 함께 목소리의 톤을 사용하여 활용하면, 짧지만 강렬한 감정적 메시지를 전달할 수 있다. 뉘앙스라고 표현되기도 하는 소리의 여운(말끝)은 말로 다 설명하지 않은 감정도 전달되는 신호이다. 그러므로 호칭에 뉘앙스만 담아도 충분히 뜻을 전할 수 있다.

어느 사극에서 중전 역할을 한 배우가 오로지 기억나는 대사는 '어마마마'밖에 없다면서 '어마마마'에 수많은 감정을 담아 연기해야 했다는 인터뷰 내용을 들은 적이 있다.

'어마마마.' (일상적인 톤)

'어마마마!' (다급할 때의 톤)

'어마마마……' (용서를 빌 때의 톤)

'어마마마~~~' (기쁜 소식을 전할 때의 톤)

무슨 말을 하고 싶은지는 호칭과 목소리 톤만으로도 충분히 전달된다.

공감이 어렵거나 마음을 말로 다 전할 수 없을 때는 감정을 담은 톤으로 호칭만을 말해도 충분히 소통할 수 있다. 이 방법은 상대의 흥분된 감정을 진정시킬 때도 효과적이다. 감정이 격앙된 상대의 호칭을 차분한 목소리 톤으로 불러주는 공감의 소리 신호는 '뱀의 뇌' 상태를 '사람의 뇌' 상태로 전환시켜 감정을 다독이는 역할을 하기 때문이다.

"아, 그 채널이 '책 읽어 주는 유튜버'들 중에서 목소리가 제일 좋아서 매일 들어."

소리 신호가 우리의 감성에 주는 영향력은 시각적 신호만큼은 아니어도 소통에 명백하게 작용한다. 고객을 설득하는 마케팅 기법에도 소리의 기술은 중요하다. 그래서 '아무나'의 소리로 상품을 소개하지 않으며, 광고의 완성도를 높이는 BGM(배경 음악)과 OST(주제곡) 작업에 심혈을 기울이는 이유도 소리의 영향력 때문이다. 할리우드 영화 개봉 전 티저에 입힌 목소리의 주인공 돈 라폰테인은 1964년부터 2008년까지 목소리만으로 수백 억의 연봉을 받은 인물이다. 그의 목소리로 소개되는 할리우드 영화는 특히 마지막에 'Coming soooooon~!'을 듣는 순간, 영화에 대한 기대감과 설렘을 날것으로 느끼게 한다. 단어와 함께 전달되는 소리 신호가 감정에 영향을 주면서 통째로 감성이 전달되는 소통이 되기 때문이다. 이처럼 많은 단어를 전하지 않아도 목소리의 소리 신호는 충분히 감정에 영향을 주고, 다독일 수 있는 도구가 된다.

또한 목소리의 톤이나 어조 뿐만 아니라 말을 전달하는 과정에서 두 사람의 거리도 영향을 줄 수 있다. 멀리 있는 상대에게 큰 목소리로 말하는 것은 호칭을 부르고 말끝을 끌어도 감성적 오류를 가져올 수 있다.

"(큰 목소리로) 자기야~ 빨리 다녀와아~. 자리 맡아놨써어~."

"(더 큰 목소리로) 알았써어~. 내가 가져올게에~."

거리가 멀기 때문에 큰 소리로 말하는 것이라고 이해하더라도, 감정의 뇌(느끼는 뇌)는 '소리를 지르는' 신호로 오해할 수 있다. 우리의 원시 조상들에게 가장 막강한 공포는 '큰 소리'였다. 짐승의 포효소리. 천둥소리, 땅이 흔들리며 산이 무너지는 소리 등은 반드시 공포와 연결되었으며, 우리의 무의식 깊은 곳에 저장된 이 정보는 현대를 살아가는 지금도 즉각적으로 반응한다. 이유가 어찌 되었든 '큰 소리'는 공포나 불쾌감을 먼저 준다는 것을 기억해야 한다.

소리 지르지 않는 정돈된 소리는 상대에 대한 존중을 표현하는 것이므로, 최선을 다해 간격을 좁히고 안정적이고 다정한 목소리로 말해야 오해 없이 마음이 전달될 수 있다.

좋은 말소리(목소리가 아닌 말소리)를 만드는 조건에는 두 사람 사이에 어깨 간격이 중요하다. 목소리의 크기는 두 사람의 어깨 간격이 2m 이내일 때 가장 편안하게 들린다. 감정적 오해 없이 들을 수 있는 간격이다. 어깨 간격이 3.6m 정도 떨어지면 사회적 거리가 되고, 이 거리에서 하는 말은 큰 소리로 할 수밖에 없다. 이 상황이 두 사람 사이에 반복되면 오해가 사실로 인식되어 다른 소통 상황에서 복병처럼 드러난다.

"근데 왜 또 소리를 질러? 소리 지르지 마! 다 들린다구!"

휠로더와 굴삭기를 판매하는 전문가들은 넓은 들판에서 소음이 심한 엔진 소리를 옆에 두고 고객에게 설명해야 할 때 고래고래 소리를 지를 수밖에 없다고 한다. 다정한 소리는 꿈도 꾸지 못하고 소리를 질러야만 들리기 때문에 힘들여 말하는데, 돌아오는 반응은 '왜 고객한테 소리를 지르냐.'여서 당황스럽다는 것이다.

오해를 만들 수 있는 상황이라면 적극적으로 소통 환경을 바꾸어야 한다. 혹시 간격을 좁힐 수 없거나 상황을 변경하기 어렵다면 매체를 사용하기를 권한다.

디지털 소통 도구인 휴대전화는 이럴 때 사용하는 것이다. 전화를 하든, 불빛을 비추든, 문자를 보내든, 어쩌면 소리를 질러 말하는 것보다 더 정확하게 상대와 소통할 수 있을지도 모른다. 잦은 부정적 자극은 반드시 감정의 뇌에 숨어있다가 어느 순간 튀어 오른다는 사실을 기억하자. 기껏 응대하고 '그 친구 고객한테 고래고래 소리 지르더라.'로 기억되면 얼마나 억울한가.

"엄마, 화났어?"

퉁명스럽고 영혼 없는 대답을 했을 때 어린 아들이 하던 질문이다. 감정을 들켜버린 후, 정신이 번쩍 드는 순간이었다. 목소리 톤은 감정을 효과적으로 전달하는 소통의 도구이다. 목소리의 호감도와는 별개로, 말하고 있는 문장을 더 잘 표현하거나 말하고 있는 내용이 진실이 아님을 암시한다.

상대를 위로하고 싶을 때는 많은 말보다 단 한 마디를 해도 목소리 톤만으로 충분하다. 우리가 가진 감정의 뇌의 기막힌 능력이다. 어떤 공감의 말을 할지, 어떤 위로의 말을 할지, 또는 화가 났다는 것을 어떻게 말할지 고민할 일이 아니다. 진심을 담은 목소리의 톤으로 단 한 마디인 호칭만 불러주어도 그 마음은 충분히 전달될 것이다.

"그런데 저는 목소리가 안 좋아요."

"저는 목소리가 작아요."

목소리의 음색과 크기 때문에 고민하는 사람들이 있다. 이미 타고난 목소리를 변화시키기는 어렵지만, 제시한 방법대로 나의

OST를 다정하게 들리도록 연습해 보자. '그런 뜻이 아니야.'라고 설명이나 변명을 해야 하는 상황을 만들지 말고, 몇 마디 안 해도 호칭과 함께 다정한 목소리의 톤으로 말한다면 충분히 즐겁고 명쾌한 소통이 될 것이다.

다정함 장착을 위한
본격적인 말끝

"메일로 먼저 보내라, 전화는 나중에 하라는 지시적인 말을 들으면 기분이 나빠져요."

"복사부터 준비해, 이게 더 중요하고 급하다고 말하는 사람은 제가 중요하고 급한 것도 모르는 바보인 줄로 아는 것 같아서 그 일을 하기 싫어져요."

"가면서 전화부터 해! 전화하고 나한테 문자해!"

조직에서와 마찬가지로 개인의 일상생활에서도 상대의 지시적이고 명령하는 듯한 언어 습관은 관계와 일의 중요도를 떠나 수용하기 힘들다. 의견을 나누려는 의도는 전혀 느껴지지 않으며, 일방적이고 단정적으로 말할 때 무시당하는 느낌이 들어, 당연히 해야 하는 일임에도 마음이 복잡해진다. 설득을 해야 할 안건이 아니어도 혼자 하는 일이 아니라면, 게다가 함께하는 사람의 기꺼운 협력을 이끌어 내야 한다면, 상대를 무시하는 듯한 다소 거친 언어 습관은 갈등을 조장할 수 있다.

언어 습관은 쉽게 고쳐지지 않지만, 즉각적인 상대의 행동이 필요하여 급하게 의사를 전달해야 할 때라면 '클라이맥스 효과'를 이용한 말끝 다듬기를 권해 본다. 말끝을 싹둑 자르지 않고 약간 끌어주는 마무리가 긍정적 감정 유지에 도움이 되듯, 명령어나 지시어, 단정적인 표현을 사용해야 할 때 '청유형'으로 말끝에 배려의 느낌(긍정적 뉘앙스)을 전달하면, 소통의 결과는 훨씬 효과적이다.

"메일로 먼저 보내 줄래?"

"복사 10부만 해 줄래요?"

"들어올 때 우유 사다 줄래?"

소통 상황을 들여다보면 그렇게 말하지 않아도 당연히 내가 해야 할 일이지만, 배려의 말끝으로 전해진 내용은 완벽하게 존중받은 느낌을 주므로 기분 좋게 할 수 있다.

긍정으로 거절하는 'Yes… But', 'Yes… and'도 청유형의 말끝을 사용하면 더 효과적으로 거절하고 설득할 수 있다.

"응… 그런데 지금 좀 급한 일이 있는데 자기가 해줄래?"

"응… 그러면 조금 늦어질 거 같으니까 먼저 출발할래?"

또한 의견을 제시할 때는 '의뢰형'과 '감사형'을 사용하면, 더욱 긍정적으로 감성적 자극을 할 수 있다.

"메일을 먼저 보내주고 나중에 전화하면 어떨까?"

"복사부터 준비하고 회의실 정돈은 그 후에 하면 어떨까?"

"들어올 때 우유 사다주면 고맙지."

상대를 존중하며 정중하게 부탁하는 훌륭한 말끝이다.

이 시점에서 나의 언어 습관을 얼마나 연습하면 바꿀 수 있을까 고민된다면, 우선 출발이 좋다고 격려하고 싶다. 필요성을 느꼈다는 것은 이미 시작한 것이기 때문이다. 그래도 구체적으로 얼마나 오래 연습해야 하는지 궁금한 사람들을 위해 '21일의 법칙'을 소개한다. 미국의 의사 맥스웰 몰츠는 저서 『성공의 법칙』에서, 같은 행동을 21일간 반복했을 때 습관은 변화한다고 이야기한다. 또 다른 의견은 〈유럽 사회 심리학 저널〉(2009)에 발표된 연구에서 찾아볼 수 있는데, 21일 즉 3주는 뇌에 습관을 입력하는 단계이고, 습관이 변하여 익숙하게 행동할 수 있는 시간은 평균 12주 즉 3개월은 걸린다는 것이다.

여기서 또 우리 조상의 혜안(慧眼)에 감동하게 된다. 우리나라의 '100일 치성(致誠)'은 무엇이든 적어도 100일은 정성을 들여야 이루어진다는 의미인데, 3개월(92일 정도)에 8일을 더하면 딱 100일이 된다. 이제야 과학적으로 증명이 되는 100일은 결코 짧은 시간은 아니지만, 언어 습관의 변화로 관계가 더 좋아질 수 있기를 원한다면 시행해 볼 일이다(다이어트도 같은 방법으로 딱 100일 하면 반드시 효과가 나타난다고는 한다.).

'끝이 좋으면 다 좋다'는 클라이맥스 효과는 뜨개질할 때 끝마무리를 잘하면 올이 풀리지 않듯 긍정적 느낌으로 마무리를 잘함으로써 앞서 대화를 잘하기 위해 노력했던 것들을 더 의미 있게 만들어 준다. 지금 나의 말끝이 상대에게 상처를 주는 언어 습관임을 발견했다면, '21일의 법칙'을 믿고 열심히 연습해 보자.

다시 한번 강조하지만, 소통 과정의 갈등은 전달하는 정보가 부실하거나 정확하지 않은 경우보다 감정이 상한 경우에 더 많이 발생한다. 다정하게 말하는 소통 방법의 중요성을 간과한다면, 상대로부터 "무슨 말인지 알아들었는데, 기분이 나쁘니까 그만 헤어져!"라는 말을 듣게 될지도 모르기 때문이다.

이기적 소통을 위한 Tip

- 정보를 정확하게 전달하는 '말'보다 감정이 전달되는 '말소리'의 느낌에 더 마음을 다하라. '말소리'가 서툴다면 될 때까지 연습하라.

- 호칭과 함께 다정한 목소리 톤의 콜라보는 수다스럽지 않게 마음을 전하는 가성비 좋은 소통이다.

- 살짝 끌어주는 '말끝'으로 다정한 클라이맥스를 만들어라. 명령하지 말고 부탁하며, 단정 짓지 말고 의견을 묻고, 미리 감사를 표현하는 말끝으로 마무리하자.

- 말끝 연습은 '21일의 법칙'으로 100일간 하면 된다.

7

실수는 바로잡되, 감정은 지켜주는
리더의 언어 습관

직원을 성장시키는 리더는
이렇게 말한다

"이 대리, 보고서 올릴 때는 두 번씩 보는 건 기본인데 몰라? 오타 봤어? 도대체가!"

"아빠가 말하는 거 그냥 듣고 해! 내가 더 오래 살았어! 내 말이 맞아!"

내 일이 아닌 듯 들어도 딱 하기 싫어지게 만드는 말이다. 정말 모든 것이 다 나를 위하는 일이라 할지라도, 또 한 치의 오차도 없이 맞는 말이라 할지라도, 감정이 건드려지면 부화가 치밀어 오른다. 특히 직장에서 상사의 위치나 개인적인 관계에서 손윗사람의 위치에 있다면, '꼰대' 소리를 듣건 말건 하고자 하는 말을 본인의 언어 습관대로 쏟아내는 사람이 있다.

"내 말이 맞아, 틀려? 틀린 거 있으면 말해봐!"

마무리도 이렇게 깔끔하게 위협적이다. '무슨 말인지 알겠는데 기분이 나쁘다니까'에서 다룬 내용이 일상적으로 하는 소통에서의 언어 습관이라면, 상사의 입장 손윗사람의 입장에서는 또 하나의 소통 기술을 장착해야 한다.

'멘토/멘티' 또는 '코치/코치이' 과정을 진행할 때, 리더의 입장으로 참석한 교육생들은 모두 이 답답한 신입들을 어떻게 사람을 만들지에 고민이 많다. 세대는 물론, 성격도 상황도 다르기 때문에 하나 하나 맞춰가면서 가르쳐야 하는가에 대한 의문부터 들고, 이미 '아무것도 모르는 제로'라고 결론을 내리고 시작하는 리더는 가르치기 전에 열부터 받아 '뱀의 뇌'가 되어 있으니 제대로 소통이 될 리 만무하다.

그러나 제대로 알려주고 싶다면 제대로 소통해야 한다. 특히 소통의 에너지인 '자존심'이 목숨만큼 소중하다는 것을 잊지 않았다면 생각보다 소통은 쉬워진다.

"할 수 있는 거 아는데, 이것도 한번 생각해보면 어떨까?"
소통을 위한 다정한 언어 습관을 총동원하여 믿음을 말로 표현하는 것이 제일 먼저 해야 할 일이다. 일을 가르치는 것은 소통이 성공하면 한 번에 두 마리씩 토끼를 잡아오게 할 수도 있기 때문이다.

　가진 능력, 즉 공부하는 뇌를 최대한 활용하게 하려면 감정의 뇌를 먼저 극도로 즐겁게 해주어야 한다. 감정의 뇌는 존재가 인정받았을 때 가장 행복하여 에너지를 발산한다. 상대를 꾸짖을 때도 감정의 뇌에 집중하여 자존심을 건드리지 않도록 표현해야 하며, 만약 실패하면 소통도 관계도 실패한다.

　"나 혼났는데…. 괜찮아. 알려준 덕분에 밤새 워크숍 준비했잖아."

　"아빠가 하신 말씀 생각해봤으니 너무 걱정 마세요."

　성과도 내고 관계도 망가지지 않는 '기분 나쁘지 않게 알려주는 방법'으로 '3시와 3정' 소통 방법을 권하고 싶다. 3시, 즉 '무시, 지시, 감시'는 당장 성과는 날지 몰라도 모래 위에 나무젓가락을 꽂아두는 일이다. 바람만 살짝 불어도 순식간에 형체도 없이 사라진다. 반면에 3정, 즉 '인정, 걱정, 다정'은 꼼짝없이 상대를 내 사람으로 만들 수 있는 소통 방법이다.

　진심은 상대방을 무시하지 않고 있어도 "이렇게 해! 저렇게 해!"는 분명 상대를 무시하는 말이다. "잔말 말고 시키는 대로 해!"는 명백한 지시어이고, "이거는 이렇게 해야지. 어떻게 하나 똑바로 지켜볼 거야!"는 상대를 믿지 않을 때 하는 감시의 말이다.

관련이 있는 예로 "네, 말씀하세요."가 있다. 상사나 손윗사람의 호칭으로 시작한 소통에 "네, 말씀하세요(듣고 있으니 말하세요.)."는 상대에게 명령하는 어조가 분명하며, 감정에 부정적인 영향을 주므로 삼가야 하는 대답이다. "네, 말씀하세요"보다는 "네, 팀장님.", "네, 아버지."라고 대답하는 것이 소통의 분위기를 긍정적으로 만든다.

상대를 무시하고 몰아붙이는 '3시' 대신에 '3정'의 방법을 사용하면, 마음의 에너지를 끌어올려 스스로 노력하게 하는 소통이 된다.

"오~, 그 방법도 좋아! 그리고 이런 방법도 한번 해볼래?"라는 인정과 제안의 말은 힘이 나게 한다. "잘하는 거 아는데 너무 긴장하니까 걱정이 되어서 그러는 거야, 이 매니저.", "우리 딸, 공부하는 거 아는데, 피곤해서 힘들면 어쩌나 걱정이 되어서 보러 온 거야." 하면서 걱정해주는 다정한 말은 상대방에게 따뜻하게 걱정하는 속마음이 오해 없이 전달되는 훌륭한 소통이 된다.

집단 무의식 속에 장착된 생각과 태도가 소통에 주는 영향은 어마어마하다. 특히 우리나라는 손윗사람에 대한 공경과 복종이 의무인 것처럼 입력되고, 그 태도들을 물려받으며 관계가 형성되었다. 그래서 손윗사람은 나이가 어리고 직급이 아래인 손아랫사람에게 심사숙고한 언어를 사용하는 것에 크게 신경 쓰지 않았던 것이 사실이다.

품격을 갖춘 말이 추앙받는 윗사람의 덕목으로 꼽히는 이유이며, 나이가 어린 사람에게도 존중하는 말투와 단어를 사용하여 자존심을 위해 주는 것은 어른으로서 자신의 인격을 지켜내는 '언격(言格)'이기도 한 것이다.

호칭과 지칭을 정성을 다해 말해야 한다는 내용을 기억한다면 덧붙여 '3정'으로 상대방이 나에게 귀한 존재임을 매 순간 전달하는 진실한 소통을 해야 할 것이다. '3시'로 무너트릴 수 있는 위험한 관계를 '3정'을 사용하여 단단하고 행복한 관계로 만들 수 있도록 지혜롭게 사용해 보기를 적극 권한다.

집중력을 끌어올리는
'쉼표'의 위력

"알았어고마워그렇게하면되겠네수고했어"

"자기야너무고맙네생각지도못했는데다행이야"

언뜻 보면 띄어쓰기가 안 된 것 같지만, 말이 쉼표 없이 전해질 때의 느낌을 살리기 위해 붙여서 써본 예문이다. 서투른 연기자를 보고 사람들이 "책을 읽네, 책을 읽어."라고 표현하는 경우가 있다. 대본을 소화해 내지 못하거나 연기에 소질이 없거나 대본과 캐릭터가 따로 분리되는 느낌이 들 때 하는 말이다. 그중에는 표정이 어색하고 연기자 간 호흡이 안 맞는 경우도 있겠지만, 목소리의 톤과 대사를 전달하는 기법의 문제가 있는 경우가 많다.

연기를 잘한다고 평가받는 연기자들의 대부분은 목소리에 바이브레이션, 그러니까 울림이 강렬하다. 안성기, 이병헌, 한석규,

김수현 등 목소리가 좋다고 평가되는 배우들은 거의 다 연기를 잘하는 것으로 평가된다. 그러나 또 목소리만 좋다고 연기를 잘하는 것은 아닌데, 바로 일시 정지(pause) 기법이 영향을 주기 때문이다. 대사를 할 때 잠깐씩 쉬어주는 쉼표(일시 정지)는 청중의 집중력을 높이고, 더 진실하게 마음을 전하여 감동을 준다.

　"이 안에 너 있다"

　드라마가 끝난 지 20년이 다 되어가도 회자되는 명대사이다. 남자 주인공은 여자 주인공에게 이 대사를 할 때, '이 안에' 하고 나서 2초 반을 쉰다. 상대 여배우와 시청자들이 최고의 집중을 할 수밖에 없는 '집중 경청' 상황을 만들고 난 후, '너 있다'를 말하니 더 강렬하게 전해진다. 대사가 끊어진 것이 아니라 잠시 쉰 것인데, 그 효과는 그야말로 크다.

　"이 안에…. 너… 있다. 니 마음속에 누가 있는지 모르지만… 내 마음속에… 너… 있어."

　연기를 잘하는 연기자는 이 '일시 정지' 기법을 능수능란하게 사용하여 캐릭터를 소화해내고, 상대 배우와의 케미를 끌어낸다.

　일상생활에서도 일시 정지 기법은 매력적인 소통 방법이다. 우선 상대를 긴장시키면서 내가 전하려는 말에 몰입하게 만든다.

상대가 말을 하다 갑자기 멈추면 눈을 마주치며 "왜?"라고 할 수밖에 없다. 그러니 그다음 말은 정확하게 들을 수 있는 것이다. 일시 정지 기법은 소통 중 잠시 쉼으로써 상대가 집중하도록, 즉 내 말에 귀 기울여 경청하도록 만드는 방법이자 성공적인 소통을 함께 만들어 가는 방법이다.

일시 정지 기법은 호칭과 함께 사용하면 더 효과적이다.
"자기야…사랑해."
"팀장님…감사합니다."
"아들… 미안해."
이처럼 호칭을 부른 후 잠시 쉬었다가 말하는 것은 진심을 더 잘 전달할 수 있고, 관계의 소중함을 느끼게 만드는 것은 덤이다. 또한 상대를 설득할 때도 호칭과 일시 정지 기법을 사용하는 것이 좋다. 이 조합은 상대의 감정을 진정시키거나 꾸지람을 할 때도 도움이 된다.
"이 대리…. 지금 일할 수 있는 사람, 자네밖에 없는 거 알잖아… 고마워."
"여보… 진짜 미안하고… 고마워."
왜곡 없는 진심을 전하고 싶다면 적극적으로 이 방법을 사용해 보길 권한다.

일시 정지 기법은 침묵으로 표현되기도 한다. 대화 도중에 일어나는 상대방의 침묵은 많은 이야기를 전하는 것이다. 아무 말도 하지 않는 것이 아니라 엄청나게 많은 말을 하고 있는지도 모르는 것이다. 분명 무언가 말을 할 것 같은데 침묵하고 있다면, 나도 침묵으로 기다려주는 것이 좋다. 충분히 진심을 다해 말할 수 있도록 시간을 준다는 존중의 표현이 될 수 있다.

'침묵'은 더 간결하게 정리된 언어로 자신의 마음을 전달할 수 있는 소통 방법이며, 상대의 말을 더 잘 듣고 있다는 신호가 되어 생각지 못한 더 많은 말을 하고 싶어지게 할 수도 있다. 침묵은 수다보다 더 강력한 메시지를 전달할 수 있는 것이다.

성공적으로 소통을 하는 방법을 찾을 때, 우리는 '어떻게 말할까?'에 집중한다. 하지만 말을 하지 않은 다양한 형태의 '쉼'은 좀 더 고차원적인 소통 방법이 될 수 있다. '일시 정지'나 '침묵'은 소리가 없어도 시간과 공간을 압도하며, 감정에 더 집중하는 소통을 할 수 있기 때문이다. 더하기가 아닌 빼기의 기술이 소통에 사용될 때, 우리는 더 진솔한 이야기를 나누고 오해없이 마음을 전달할 수 있다는 것에 분명 동의할 것이라 믿는다.

66

꽃노래도
듣기 좋게 잘 불러야

99

"아까 어르신에게 자리 양보해 준 거, 진짜 멋있었어."

"미팅할 때 프리젠테이션 제대로 하던데. 잘했어."

우리는 칭찬을 들을 때 이미 마음속으로 우쭐한 마음을 갖고 있거나 당연하다고 생각할 때가 종종 있다. 그래서 칭찬이 형식적으로 들리거나 의례적인 순서가 되면 감동이 덜 하게 되는 경험을 하곤 한다. 이 '꽃노래'인 칭찬을 좀 더 진한 감동과 진심을 전달할 수 있는 방법을 4단계로 소개하면 다음과 같다.

첫 단계는 호칭을 부르는 것이다. 반복적으로 언급하는 호칭의 중요성은 그만큼 세상에서 제일 중요한 단어이기 때문이다. 호칭은 상대에 대한 존중과 관계를 선명하게 표현하는 핵심 단어이므로 자주, 그리고 잘 사용하기를 다시 한번 강조한다.

당연히 말끝을 살짝 끌면서 다음에 칭찬 등의 기분 좋은 말을 하게 될 것이라는 예고성 뉘앙스를 표현하며 다정하게 불러야 한다. 교육 중 실습을 하면 정말 괴로워하며 못 하겠다는 교육생들이 있다. 그러나 호칭 하나로만 이미 칭찬임을 느끼게 말하는 훈련은 상대가 누구든 매우 좋은 성과가 될 것이다.

둘째 단계는 칭찬할 내용을 말하는 것인데, '타고난 것이 아닌 능력과 성과'에 대한 칭찬을 해야 한다. '얼굴이 예쁘다, 목소리가 좋다'보다 '미소가 예쁘다, 말을 예쁘게 한다'가 좋다. 상대가 행한 행위에 대해 칭찬하는 것은 상대의 노력을 인정하고 존중하는 것이므로 더 의미가 있다.

셋째 단계는 질문을 하는 것이다. 질문은 상대의 노력이나 감정에 대한 내용으로 하는데, '어디서 샀어? 정보를 어디서 얻은 거야?'보다 '어떻게 하면 그렇게 좋은 정보를 알 수 있지?', '정리하는 방법을 어디서 배운 거야?'가 좋다. 상대가 한 행동과 선택에 대해 구체적으로 잘했다, 감동했다는 표현을 하는 것이다.

마지막 단계는 다시 한번 칭찬하는 것이다. '그랬구나, 진짜 좋았어, 정말 잘했어' 등의 표현으로 칭찬하는 진심에 방점을 찍는 것이다. 이런 칭찬의 4단계는 형식적이지도 대충하는 칭찬도 아니므로, 듣는 상대도 집중하여 칭찬을 듣고 진심을 믿게 되는 결과가 된다.

[1단계] 호칭을 부른다. → "길동씨~!"

[2단계] 칭찬한다. → "장소가 너무 좋은데?"

[3단계] 질문한다. → "아니, 어떻게 이런 좋은 장소를 찾았어?"

[4단계] 다시 칭찬한다. → "장소가 진짜 너무 좋아, 수고했네."

자기의 감정만 늘어놓는 '너무 좋아, 완전 좋아, 짱이야'보다 칭찬하는 사람의 진심이 세련되게 전해지는 순간이다.

칭찬의 4단계처럼 감사의 4단계도 상황에 따라 잘 활용하면, 감사를 멋지게 더 감동적으로 전할 수 있다. 감사의 첫 단계는 '감사합니다'라고 말하는 것이고, 둘째 단계는 무엇을 감사하는지 구체적으로 내용을 말하는 것이며, 셋째 단계는 이 모든 일이 모두 '그대들/당신' 덕분이라고 공을 돌리는 것이다. 분위기는 당연히 좋아지고, 마지막으로 다시 한번 '감사합니다'라고 하면 된다.

[1단계] Thanks 감사한다. → "감사합니다."

[2단계] Concrete 구체적인 내용을 말한다. → "이렇게 멋진 생일파티가 되어 기쁩니다."

[3단계] Because of you 당신들 덕분 → "항상 마음 써 주신 여러분 덕분입니다."

[4단계] Thanks again 다시 감사 → "오늘의 기쁨을 다시 감사드립니다."

상을 수여하거나 진급으로 축하받는 일이 있을 때도 이 'TCUT' 기법은 듣는 사람도 함께 기쁨을 느낄 수 있는 감동적인 멘트가 될 것이다.

사과를 하는 4단계를 언급한 내용을 기억할 것이다. 마찬가지로 칭찬을 해야 할 때, 또 감사를 해야 할 때 시간을 놓치지 않고 정성을 들여 마음을 전하는 방법으로 소통하는 것은 관계를 더 단단하게 만드는 중요한 순간이며 기회가 된다. 예쁘고 세련되게 하는 방법을 알게 되었다면. 지금부터 연습하여 당장 실천해 보기를 권한다.

이기적 소통을 위한 Tip _____

- '3시 하지 말고 3정 하라'. 이는 상대와 오래도록 함께하고 싶다는 마음을 오해 없이 정확하게 전달하는 소통 방법이다.

- '일시 정지' 기법으로 잠깐 말을 쉬어 갈 때, 상대방은 더 몰입하여 내 말을 듣게 된다. 상대방도 소통에 참여시켜라.

- '침묵'은 때로 더 많은 말을 전하는 소통 기법이다.

- 사과도, 칭찬도, 감사도 더 따스하고 세련되게 진심을 전달하는 4단계를 연습하라.

Chapter 5

말하지 않아도
알 수 있도록

언어만큼 중요한 비언어적 소통 요소

상대가 보고 듣는 모든 것이 소통이다

우리끼리 얘기니까
신경 쓰지 마세요

**

"라떼인데 우유는 조금만 넣으래."

어느 커피 전문점에서 주문을 하고 카운터에 서 있는데, 직원들끼리 나의 주문에 대해 주고받는 말이 다 들리도록 대화하는 소리를 들었을 때, 민망하고 부아가 치밀어 표정 관리가 안 된 적이 있다.

"매실 고추장 어딨냐고 하네! 아니, 그냥 고추장 말고 매실! 매실 고추장 사야 한대."

또 대형 마트에서 상품 진열이 변경되어 제품을 찾지 못하다가, 직원에게 부탁하니 무전으로 다른 직원과 소통하는 상황에서도 어이없는 대접을 받았을 때 못 들은 척하면서 꾹 참았지만 도저히 이해가 가지 않았다.

5 말하지 않아도 알 수 있도록

271

도대체 앞에 있는 사람이 보이는 건지, 안 보이는 건지, 보여도 무시하는 건지, 당황스러움을 감출 수가 없었다. 마치 투명인간인 것처럼 앞에 아무도 없다는 듯, 누군가에게 나에 대해 말을 함부로 전하는 장면을 경험하면, 특별한 문제가 없어도 괜히 문젯거리를 만들고 싶어지는 유혹을 느끼게 된다. "여기 사람 있다고!! 다 들었다고!!" 하면서 뜨거운 맛을 보여주고 싶은 '뱀의 뇌' 상태가 되는 것이다.

"당신에게 하는 말이 아니니 신경쓰지 마세요! 원하는 것만 해주면 될 거 아닙니까."라는 무심한 신호는 존재를 무시당하는 느낌이 정확하게 전달되는 분명한 소통이다. 오히려 대면하고 소통하는 것보다 더 적나라하게 상대방에 대한 마음이 전달되는 순간이기에, 상황은 훨씬 더 심각하고 위험해질 수 있는 가능성이 있다. 소통은 대면한 순간에만 진행되는 것이 아니라 그 공간 전체가 소통의 현재 진행형이다.

고객의 음료를 준비하면서 서비스 도구들을 씽크대로 던졌다가 고객과 문제가 생겼다는 기사를 본 적이 있다. 고객의 과한 행동과 함께 노출된 장면은 직원의 태도였다. 소리가 크게 나도록 서비스 도구를 던지고, 서비스 준비 공간에 있는 박스를 발로 밀어 정리하는 모습들이 고객에게 노출되는 상황은 무언이지만 완벽한 소통 장면이다. 고객은 당연히 무시당하는 느낌을 받는 것이다.

누군가의 말을 전하는 과정에서 당사자가 듣게 되었을 때 곤란해지는 상황도, 대면하지 않을 때 상대에 대한 진짜 마음이 표현되는 것이므로 두 사람의 관계는 돌이킬 수 없게 된다.

"지금 급하니까 이거부터 당장 하라잖아!"

"할아버지 뵙는 게 더 중요하니까 학원 가지 말라잖아."

"(진료 차트를 던지며) 주사는 안 맞는데! 처방전만 달래."

어떤 경우는 들으라는 듯 할 수도 있다. 만약 그렇다면 대놓고 한 판 붙어보자는 신호가 될 것이다. 가끔 부아가 치밀 때 설거지를 소리 나게 하는 경우와 같다고 할까. 대놓고 다투기는 싫고 그렇다고 속상한 마음은 누를 길이 없을 때, 손끝으로 나오는 과격한 감정 표현의 소통 방식이다. 직장에서 사무 도구들을 험하게 다루는 소리, 머그 컵을 과격하게 테이블에 내려놓는 태도, 서류나 병원의 진료 차트 등을 책상에 던져서 올려놓는 행동, 문을 쾅 소리 나게 닫는 행동 등은 진심을 오해받아 관계를 위험에 빠뜨릴 수 있는 좋지 않은 비언어적 습관이다.

작정하고 갈등을 만들자는 상황이 아니라면 '호칭'만큼 '지칭'이 중요한 것처럼, 같은 공간에 있을 때는 대면하고 있지 않아도 어떤 형태로든 전달되는 신호가 모두 소통이라는 것을 기억하고 조심해야 할 것이다.

"지금 급하니까 이거부터 해 달라네요."

"할아버지 뵙는 게 더 중요하니까 학원 가지 말라고 하시네."

"(진료 차트를 살포시 전하며) 주사는 안 맞으신대요. 처방전만 부탁드려요."

단어와 문장은 당연하고 소리와 태도도 존재 자체를 무시당하는 듯한 느낌을 받아 자존심까지 건드려진다면 관계가 힘들어질 수 있기 때문이다.

"바람이 불어서 문이 세게 닫힌 거예요."

아들이 방문을 '쾅' 하고 세게 닫기에 '어쭈구리~' 하고 있는데, 즉시 문을 열고 나오면서 사과하는 말에 오해를 푼 적이 있다.

소통하는 현장에서의 오해도 다양하지만, 소통하지 않는 상황에서도 상대에게 전달되는 신호들, 즉 태도나 소리는 상대에게 전달되는 무언의 외침이며 큰 오해를 만들 수 있다는 것을 명심해야 한다. 같은 공간에 있다면, 그리고 같은 공간에 없어도(화장실에서도 타인에 대한 대화는 삼가는 것이 좋다.) 상대에 대한 말을 전하는 것은 현재 진행형 소통이라는 것을 기억해야 할 것이다.

머리끝부터 발끝까지
대화한다는 마음으로

"그거… 혹시… 수면 바지… 맞죠?"

"네. 수면 바지예요."

교육 시간이 다 되도록 교육생이 안 와서 기다리던 중, 수면 바지를 입고 머리도 대충 묶고 오는 모습을 보고 건넨 말에 대한 교육생의 답이다.

교육생은 수업에 늦어서 죄송하다는 한마디 사과도 없이 수면 바지를 입고 거리낌 없이 교육장으로 들어갔으며, 교육 담당자는 '편한 복장'이라고 공지를 올린 것이 잘못이었는지 심란하다면서 '출근 시, 교육 시, 실습 시' 등, 구체적인 복장 정보를 꼭 교육해 달라고 신신당부했다.

5

말하지 않아도 알 수 있도록

275

장례식장에 맨발로 빨간색 원피스를 입고 가면 안 되는 것은 세대가 달라도 당연한 불문율이다. 바쁘지만 장례식장에 꼭 인사를 드려야 해서 시간 내서 왔다, 그래서 복장이 이런 것을 이해해 달라고 하면 이해는 할 수 있고, 시간 내서 조문 온 것에 감사할 수 있다. 그러나 사정을 모르는 다른 사람들은 복장에 대한 불쾌감이 계속 남아서 '그때 장례식장에 맨발로 온 그 집 딸, 샌들 신고 온 그 집 장남'으로 기억된다.

소통을 할 때 용모와 복장은 상대와 상황에 대한 존중이다. 상대를 어떻게 생각하는지를 구구절절 말할 수 없기 때문에 무언의 소통 도구인 '용모'를 단정하게. 복장을 깔끔하게 하는 것이다.

수면 바지를 입고 교육에 참석한 직원에 대해 담당 상사에게 조심스럽게 근무 태도를 물어보았더니, 지각을 자주 하고 용모와 복장도 같이 일하는 직원들이 불편해한다는 것이다. 그래도 그 직원이라도 있어야 전화도 받고 외근도 나가니까 없으면 안 되는데, 사무실 직원들이 많이 힘들어한다고 도와달라는 말로 통화를 마쳤다고 한다.

"보시면 누군지 딱 봐도 아실 거예요."

"음, 그래 그래. 그 직원 그럴 줄 알았어. 이번에 아주 제대로 말해야겠군."

실수는 누구나 할 수 있지만 실수했을 때 '제대로' 말을 들으면 섭섭하고 자존심이 상한다. 그리고 우리는 그러면 안 되지만, 누가 실수를 했느냐에 따라 실수를 실력으로 평가하고 싶어지는 경우를 경험한다. 업무에 대한 평가로 자존심이 건드려지는 경험을 피하고 싶다면, 무언의 소통 도구인 '나의 용모와 복장 스타일'을 한번 고민해 볼 필요가 있다.

소개팅에 나갈 때 용모와 복장을 가장 먼저 고민하고 준비하는 이유는 상대에 대한 기대감으로 소통을 잘하고 싶은 마음이 있기 때문이다. 좋은 인상을 주고 상대가 마음에 든다면 긍정적인 결과로 이어지고 싶은 마음의 표현이 '무슨 말을 하지?'에 앞서 '뭘 입고 가지?'이다.

소개팅에 참석한 상대에 대한 느낌도 같다. '어떤 가치관을 가진 사람일까? 취미가 뭘까?'보다 '예쁠까? 잘생겼을까? 키가 클까?'가 더 궁금하고, 나를 만나기 위해 준비한 마음은 용모와 복장으로 평가된다.

자세히 들여다보지 않아도 잠깐 스치면서 느낀 아우라에서 이미 소통의 결과가 결정되는 것이다. 이른바 블링크(blink, 짧은 시간 일어나는 순간적 판단)를 경험하는 순간이다.

즐거운 마음으로 만남을 이어갈지 간단하게 아이스 아메리

카노만 마시고 일어날지가 용모와 복장에서 결정될 수 있다는 것을 부정할 수도 있다. 진지하게 대화를 나누어 보고 성격도 알아보고 더 경험해야 진짜 상대를 알 수 있다. 하지만 이미 감정의 뇌를 통제하지 못하고 시각적으로 느낀 부정적 감정은 그 진실한 소통을 시작하기조차 어렵게 만들 수 있다.

오스트리아 프란츠 요제프 1세의 부인 엘리자베트 황후(애칭은 씨씨)는 눈이 부실 정도의 미모뿐만 아니라, 황제와 함께해야 하는 공식적인 자리에 잘 나타나지 않은 것으로도 유명하다. 그 이유는 황후의 품격을 갖추기 위해서 3시간 넘게 머리부터 발끝까지 치장하는 시간을 못 견뎌 했기 때문이다. '황후로서의 품격이 머리와 드레스에서부터 시작되는가?'라고 질문하면 대답은 '당연하다'이다. 한석규와 고수 주연의 영화 〈상의원〉(2014, 감독 이원석)에서도 권력을 위한 관계 맺음의 열망을 위해 혼을 담아 옷을 지어 입는 왕가의 여인들 이야기를 엿볼 수 있다. 세계 모든 왕가에서 국민의 존경과 신뢰를 받고 절대적 존재라는 것을 믿게 하기 위한 무언의 소통은 '복장'이었다.

'장군'은 일반 군사들과 분명히 다른 옷을 입으며 복장에서 나오는 위엄으로 무언의 소통을 한다는 것을 부정할 수 없을 것이다. 전쟁 중 왕이나 장군을 구하기 위해 부하직원이 옷을 바꿔입는 경우는 복장으로 그가 누군지 알게 되기 때문이다.

말로 설명되지 않는 품격과 상대에 대한 표현은 복장에서부터 비롯되며 아직 한 마디도 소통하지 않았지만, 복장에서 나에 대한 상대의 존중 그리고 상대에게 알려주고 싶은 나의 진심은 이미 충분히 표현되는 것이다.

"머리부터 빗고 옷을 제대로 입어라."

부부간의 의견이 갈등으로 가지 않고 설득으로 이어지는 소통은 어떻게 시작하는가에 대한 질문에 내가 강조하는 답이다. 이는 또한 자녀들이 말을 잘 듣고 부모에 대한 신뢰를 갖게 하려면 어떻게 소통을 준비해야 하는가에 대한 질문의 답이기도 하다. 우리의 감정의 뇌는 이해하는 뇌보다 신속히 반응한다는 것을 잊지 않는다면, 대화를 시작할 때 상대에게 보이는 나의 용모와 복장이 얼마나 크게 영향을 미칠 것인지 알아야 할 것이다.

무릎 나온 트레이닝복에 머리는 질끈 묶고, 빨간 고무장갑을 끼고 설거지를 하며 나누는 소통(일터를 벗어난 나의 모습)은 부정적 감정을 더 격하게 부정적으로 만들고, 대화의 이슈까지 덮어버리는 오류를 범하게 된다.

그러나 '그만 삽시다!' 하며 가정법원으로 가는 엘리베이터에서 예쁘게 화장하고 잘 차려입은 아내와 머리를 댄디하게 빗어넘기고 멋지게 수트를 입은 남편을 발견한 부부는 '됐고! 갈비나 먹고 옵시다.' 할 수 있는 것이다. 내가 알던 멋진 남편, 예쁘게 나이 들어 가는 아내를 발견한 순간이며, 다시 보게 된 서로는 좋은 마음으로 이야기해 볼 기회를 가질 수 있다. 물론 일상을 살아갈 때 처음 만날 때처럼 용모와 복장을 갖추기는 어렵다. 그러나 중요한 소통의 순간이라면 '머리부터 빗고 옷을 잘 입고' 소통에 초대하는 경험을 꼭 해보기를 권한다. 당연히 집에서도.

소통은 물론 말로 하는 것이다. 그러나 말을 하기 전 이미 소리도 말도 없는 상태에서 소통은 시작된다. 맬라비언의 법칙에서 나타나듯 시각적인 신호는 55%나 소통의 성공에 관여하며 이 중 용모와 복장의 영향을 간과하지 말았으면 한다. '잘 생기고, 예쁜' 모습의 차원이 아니라 '단정하고 정성을 들인' 만큼 귀한 대접을 받는다는 차원이며 번거롭고 성향에 맞지 않아도 상대를 존중하는 만큼의 모습으로 준비하여 소통에 임하는 것은 또 하나의 이기적 소통 기술인 것이다. 혹시 TPO(Time, Place, Occasion)에 적합한 용모와 복장을 잘 모르겠다면, 포털 사이트나 AI에게 물어보라. 수천 가지의 예를 들어줄 것이다.

> ❝

꼬리는 몸통을 흔들 수 있다,
얼마든지!

> ❞

"어제 그 드라마의 에필로그 봤어? 이제 둘이 사귀는 거지?"

"그 집은 스테이크 전문점인데 식전 빵이 장난 아니야."

"그 친구 프레젠테이션 완벽하거든. 그런데 중간중간 퀴즈가
더 재밌어서 완전 기대돼."

본 게임보다 사이드가 더 매력이 있을 때가 있다. 영화의 '쿠
키 영상'을 보기 위해 엔딩 크레딧이 다 올라갈 때까지 기다리는 마
음, 영상 콘텐츠의 '에필로그'나 'NG 모음'에 설레고 제품에 딸려오
는 사은품이 매력적이면 본품보다 더 기대하며 긴 줄을 선다. 미국
의 슈퍼볼 광고는 1초에 3억짜리 마케팅 상품이다. 그만큼 효과가
막강한 기회라는 이야기인데 슈퍼볼을 보러오는 사람 중 많은 수
가 광고에 대한 기대감이 크기 때문이라고 한다. 광고를 보려고 막

대한 입장료를 지불하지는 않지만, 슈퍼볼 현장에 간다는 설렘과 흥분의 이유 중에는 광고도 한몫 한다는 것이다.

이는 마케팅에서 사용하는 'wag the dog' 효과로, '꼬리가 몸통을 흔든다'는 의미이다. 꼬리의 영향력이 소비자의 지갑을 여는 데 얼마나 효과적인지를 보여 준다. 주객이 전도되었다고나 할까. 식전 빵이 맛있다는 소문을 듣고 와서 스테이크의 훌륭함을 경험하는 순서가 된다. 물론 처음엔 스테이크로 승부를 봐야 한다. 스테이크의 품질이 본질적 가치이다. 그러나 스테이크의 품질을 알리기 위해 진심의 식전 빵으로 마음을 끌어당기는 순서는 매우 효과적이다.

당연히 'wag the dog'은 이기적 소통에서도 그 능력을 십분 발휘한다. 소통을 할 때 진짜 전하고 싶은 정보가 본질이라면 정보를 전달할 때의 감성 신호는 'wag the dog'의 꼬리가 된다. 같은 말을 어떻게 전달하는가의 태도와 방법의 문제이다, 특히 비언어적으로 전달되는 감성 신호는 예민한 주제일 때 더 중요한 소통의 도구가 되는 데 감동적인 연기를 하는 배우들은 한 마디 말도 없이 관객을 울고 웃게 만든다. OST와 함께 전달되는 표정과 눈빛, 손끝의 표현들은 말이 필요 없이 충분히 진하게 마음을 전달한다. 정확한 말로 전달되는 대사보다 곧바로 감정의 뇌에 도달하는 감성 신호의 효과가 증명되는 순간이다.

 픽사에서 제작한 애니메이션 〈토끼굴〉(2020, 감독 매들린 사라피언)은 6분 동안 모차르트의 오보에 협주곡만 흐를 뿐, 대사 한마디 나오지 않는다. 그러나 보는 내내 어린 토끼의 고군분투에 마음을 다하며 함께하는 이웃 굴 동물들과의 '소통'을 통해 성장하는 모습에 응원을 보내게 된다. 이렇게 때로는 '대사(말) 없이' 신호만으로도 우리는 마음 깊이 소통할 수 있다. 소리는 충분한 'wag the dog' 효과이다.

 'wag the dog' 효과는 오류가 났을 때 갈등을 만드는 관계로 치달을 수 있는데 진심으로 갈등을 만들고 싶은 관계(그렇다면 헤어질 결심이 더 나을지도)가 아닌데도 감성 신호(꼬리)의 오해로 문제가 생겨 안타까운 결말이 되기도 한다.

 "왜 그렇게 말해? 무슨 뜻이야?"

 "하기 싫다는 거지? 표정이 딱 그러네!"

 진심이 전달되는 순간에 에러가 난 것이다. 소통을 할 때 언어 습관으로 자주 이런 피드백을 받는다면 고민해야 한다. 매번 그게 아니라고 해명하다가 진짜 갈등 상황이 생길 수 있기 때문이다. 또한 '난 원래 그래! 원래 그렇게 말하니까 새겨들어!'는 상대를 무시하는 포효이다. 상대에게 상처를 주고 멀어지려고 작정한 것이 아니라면 진심을 다정하게 전하는 감성신호(꼬리)에 관심을 가지고 연습하기를 권한다.

'wag the dog' 효과를 위에서 언급한 '블링크'로 설명하면 조금 더 이해하기 쉽다. 말콤 글래드웰의 『블링크』는 우리의 뇌가 얼마나 설명할 수 없는 희한한 결과를 선택하는지를 여러 사례에서 증명한다.

'블링크(blink)'는 무의식적으로 눈을 깜박이는 짧은 시간 일어나는 순간적 판단을 의미한다. 누군가를 처음 만났을 때나 긴급한 상황에서 신속하게 결정을 내려야 할 때, 첫 2초 동안 우리의 무의식에서 섬광처럼 일어나는 순간적인 판단을 뜻한다. 무의식에서 섬광처럼 일어나는 순간적인 판단은 정보를 분석하지 않고 감정의 뇌로 느껴진 느낌의 결과이다(감정의 뇌가 실제로 반응하는 속도는 0.2초이지만, '판단'이라는 결과는 2초가 걸린다).

'블링크'에 나온 사례를 하나 소개하면 여자가 트럼본을 연주한다는 것은 있을 수 없는 시절에 연주자를 선발해야 하는 상황에서 심사위원들은 혼란에 빠졌다. 대면 연주를 할 때 연주자의 표정과 심각한 몸짓 과한 제스처는 연주를 잘하는 것처럼 느껴지게 하지만, 실제 실력은 그렇지 않을 수 있다는 것을 깨달았기 때문이다.

그런 이유로 블라인드 테스트를 하기로 결정하였고, 그 결과

선발된 여성 트럼본 연주자의 실력은 최고였다. 블라인드 테스트는 우리의 '블링크'를 차단하고 명확하게 논리적으로 판단하기 위한 시도였으며, 우리가 매 순간 '블링크'에 얼마나 자주 노출되는지도 증명한 사례이다.

『블링크』는 어떻게 탄생되었느냐는 물음에 글래드웰은 머리를 길렀더니 길을 가다가도 운전을 하다가도 경찰들이 자꾸 불러세우는 경험을 하게 되면서 사람에 대한 판단은 어디서부터 비롯되는가에 관심을 갖게 되었다(참고로 글래드웰은 아프리칸 아메리칸이며 머리가 크고 곱슬이다.)고 대답했다.

언어로 구성된 진심과 정보를 오해 없이 더 잘 전달하고 싶다면 '몸통을 흔드는 꼬리'의 블링크 효과를 활용하여 소통의 시너지를 내보자. '무슨 말'보다 '어떻게' 말하는가를 다시 한번 강조하면서 무언으로 전해지는 눈빛, 표정, 용모, 손, 발, 몸 전체의 모습, 그리고 톤과 어조에 상대를 존중하는 정성을 가득 담아 진심의 말과 감정까지 전하는 꽉 찬 소통으로 관계를 완성해 보자.

이기적 소통을 위한 Tip _____

- 직접 대면하지 않아도 같은 공간에 있다면 소통은 현재 진행형이다. 다 보이고, 다 들린다.

- 호칭 못지않게 지칭도 중요한 것처럼, 같은 공간에 있다면 항상 그가 듣고 있다고 생각하고 존중의 표현을 놓치지 말자. 그가 듣지 못해도 그건 나의 품격이다.

- 용모와 복장은 소통을 돕는 훌륭한 도구이다. TPO에 맞추어 온몸으로 존중과 품격을 표현하라.

- 몸통(소통의 주제)을 흔들어 마음을 전하고 싶다면 꼬리(소통 시의 감성 신호)의 움직임에 정성을 기울여라. 비언어에 해당하는 감성 신호는 말없이 뜻을 전달하는 데 엄청난 시너지를 가져다준다.

비언어적 요소 ①: 환경 & 타이밍
소통을 위한 최적의 순간

"

'들을 준비'가 되어 있을까

"

"매운 만두여~, 물만두여, 골르랴아~."

몇 해 전, 인터넷에 올라온 웃픈 사연이다. 가전제품 콜센터에서 세탁기를 수리하고 서비스에 대한 만족도 조사를 위해 고객과 통화하는 녹취본이 그대로 오픈되었다.

"고객님, 세탁기 수리 서비스 잘 받으셨나요?"

고객은 연령대가 높으신 할아버님이었고 귀가 잘 안 들리는 상황이었다. 할아버님은 너무 빠르고 너무 긴 멘트(안녕하십니까 고객님. ○○전자 서비스센터 ○○○입니다. 얼마 전, 세탁기 수리 서비스 받으셨지요?)에 영문을 모르고 누구냐며 재차 물었고, 직원은 여러 차례 속사포로 반복해서 매뉴얼의 멘트를 쏟아냈다. 여러 번 들었으나 할아버님의 귀에는 '서비스'라는 단어만 입력이 된 듯하였고 이어지는

"매우 만족, 만족, 보통, 불만족, 매우 불만족" 중 하나를 말해 달라는 재촉을 받게 된다.

"무슨 만두를 준댜. 어이, 하나 골르랴? 매운 만두, 물만두, 보통 만두, 뭐 고를껴?"

또한 상대가 알아듣지 못하는 용어도 소통을 방해할 수 있다.

"비행기가 흔들립니다요~. Seat belt(씻뻴)! 매주세요우~. Seat belt(씻뻴)!"

"지금 뭐라고 그랬어? 씻 뭐라고? 지금 욕한 거야?"

우리 항공사 소속의 외국인 승무원이 한국어가 서툴러서 '안전벨트'라는 단어를 쓰지 못해 생긴 해프닝이다. 단어를 상대가 제대로 알아듣지 못할 때도 이렇게 웃픈 일이 발생한다.

지금은 의사의 설명도 일반인들이 알아듣기 쉬운 말로 전달되지만, 병원에서 '환자 경험 혁신'이라는 개념이 나오기 전에는 어려운 전문 용어를 사용하여 가끔 환자들이 어리둥절해하는 경우가 있었다.

"pimple이예요. acne는 inflammatory skin disease이기 때문에 squeeze하면 infected 되어서 fester 될 수 있어요."

우리말로 번역하면 다음과 같다.

"여드름입니다. 여드름은 염증성 피부염이기 때문에 짜내면 감염되어 곪을 수 있습니다."

고객 응대 훈련을 위한 비디오 클립에서 과장하여 만든 표현이다. 지금은 '환자 경험 혁신'으로 의료 전문인이 일반인이 알지 못하는 의학 용어를 사용하는 경우가 거의 없지만, 과거에는 의사가 말한 알아듣지 못하는 내용을 물어보지도 못하고 진료실을 나와 간호사에게 다시 설명을 듣는 경우도 있었다. 지금은 이해하기 쉽게 모니터도 보여주고 구체적으로 설명해주어 의료 전문인과 환자의 소통이 수월해진 것은 다행이다.

소통은 상대가 듣고 이해할 수 있는 조건이 되었을 때 가능하다. 말의 속도나 어려운 단어, 작은 목소리, 주변 소음 그리고 시간적 여유 등의 조건이 충족되지 않으면, 준비도 안 되었는데 쏟아지는 정보를 이해하기는커녕 배려받지 못한 감정까지 느껴져 불쾌해진다.

"관리실에서 주차장 청소한다고 차 빼래." (재택 근무 중에 중요한 메일을 검토하고 있는 상황)

"복사 용지 도착했다고 하는데 같이 가지러 갈래?" (내일 발표할 PPT를 준비 중인 상황)

이때 발생할 수 있는 긍정적 상황은 "지금 바쁜데 자기가 해줄래?", "작업 마무리하고 해도 될까요?"라는 말로 자기의 상황을 알려주는 것이다. 그렇게 되면 '앗, 미안. 내가 할게.'나 '아, 몰랐어. 지금 안 해도 돼.'로 정리될 수 있다.

그러나 마음속으로라도 '지금 일하는 거 안 보여?', '그거 지금 꼭 해야 돼?' 등 배려받지 못한 상황에 대한 반발로 부정적인 마음이 든다면 별일 아닌 일로 건넨 말이 갈등을 만들 수도 있다.

대답을 아예 안 하거나 불쾌한 표정으로 반응을 보이면 상대의 부정적 반응은 순식간에 나를 '뱀의 뇌'로 만든다. 촉발 원인과 관계없이 상대의 부정적 신호는 나의 감정을 보호하기 위한 변명과 핑계, 정당성을 주장하면서 진짜 별거 아닌 일로 다투고 힘든 시간을 보낼 수도 있다.

상대도 내 말을 들을 수 있도록 준비시키는 것, 내 말을 들을 수 있는 상황과 상태인지를 파악하는 것은 이기적 소통에 중요한 순간이다. 말을 무심히 '툭' 던지지 말고 상대가 내 이야기를 들을 준비가 되었는지를 확인하고 소통을 시작해야 한다는 것이다.

"지금 바빠? 말해도 돼?"

만약 상대의 상황을 알고 있는데도 꼭 말을 전해야 한다면 상황을 알고 있는데도 전해야 할 급한 일이 있다는 것을 표현해야 오해 없이 전달될 것이다. 물론 '호칭 + 배려 + 다정한 말끝'으로 말한다면 더 완벽하다.

"자기야~, 지금 바쁜 거 아는데, 이거 냉동실에 넣을까, 냉장실에 넣을까?"

이보다 더 완벽할 수 없다.

누구나 예민해지는
시공간을 피하기

"우리 호텔 로비라운지 카페 씰란트로는 우리나라에서 손꼽히는 명소입니다."

힐튼호텔 트레이닝센터 면접을 보러 갔을 때 일이다. 처음 만나는 센터장님과 로비라운지 카페에서 미팅을 하게 되었는데, 깜짝 놀랄 정도로 고객이 많았다. 센터장님은 자부심 가득찬 표정으로 설명하며 미리 예약해둔 창가 자리로 안내해 주었다.

호텔 로비라운지의 카페는 품격과 고급스러움으로 가득 차 있고, 높이가 수 미터가 넘는 통유리로 되어 있어 통창으로 보이는 남산과 서울 도심의 경치가 참 아름다웠다. 그러나 통창은 밤에는 야경이 기가 막히겠지만, 해가 들이치는 시간에는 너무 솔직하게 드러나는 피부 상태가 신경 쓰여 소통에 집중할 수 없기에 여성들이 피하는 자리이기도 하다. 예약까지 하며 초대받은 자리에 대해 불편함을 표현할 수 없어 그대로 앉았는데, 그 순간 호텔의 격이 다른 서비스는 다른 곳에 있었다는 것을 경험하게 되었다.

서서히, 아주 서서히 해가 가려지기 시작한 것이다. 더 이상 눈이 부시지 않고 얼굴이 햇볕에 닿지 않는 상태가 되자, 무언가가 멈추는 느낌이 들었다. '뭐지?' 하며 둘러보는 순간, 나를 바라보며 블라인드를 숨죽이듯 조금씩 내려주고 있는 카페 총괄 매니저와 눈이 마주쳤고 그때의 감동은 지금도 잊히지 않는다. 아마 나에게만 그런 서비스를 한 것은 아닐 것이다. 햇빛이 들이치는 시간에 여성이 창가에 앉았을 때 조심스럽게 해를 가려주는 행동은 서비스를 한 단계 넘어선, 배워서는 할 수 없는 '이타적 유전자'의 실현이라 생각했다. 교육의 한계가 느껴지는 순간이었다. 타고나지 않으면 할 수 없는 배려심을 어떻게 교육으로 알려줄 수 있을까?

블라인드를 내리는 매니저님과 눈이 마주친 순간 얼굴 가득 미소를 지으며 '제 마음입니다' 하는 느낌이 전해졌다. 카페의 매력은 멋진 장소에 더해진 매니저의 차원 높은 서비스 태도가 큰 역할을 하는 것이 아닐까 하는 확신이 드는 순간이었다. 매니저님의 깊고 세심한 배려심으로 무언의 소통을 나눈 뒤 안정적인 상태에서 면접 미팅을 마칠 수 있었고, 그 매니저님과 한솥밥을 먹는 기쁨을 갖게 되었다.

소통 장소도 중요한 소통 도구이다. 만남의 성격에 맞아야 하고 너무 춥거나 덥거나 시끄럽거나 오픈되어 있거나 조명이 너무 환하거나 어두워도 소통에 영향을 준다.

집에서 가족과 중요한 소통을 해야 할 때도 장소의 선택이 중요한데 가장 좋은 소통 장소는 식탁이다. 식욕을 돋우는 따뜻한 국부 조명은 감정의 뇌를 가장 편안하게 해준다. 그리고 한 가지 더하면 식탁의 따뜻한 조명은 소통하는 두 사람의 낯빛을 포근하게 만든다. 소통에 유리한 환경이다. 따뜻하게 보이는 낯빛은 안정적 느낌으로 정보가 전달되는 효과를 주고 상대를 설득하는 데도 유리하다. 가족과 해야 할 중요한 이야기가 있다면 따뜻한 조명 아래서 옆에(마주 앉지 않고 90도로) 앉아 전달하고 싶은 소중한 이야기를 해보기를 권해본다.

또한 소통에서는 신체 컨디션도 중요한데, '금강산도 식후경'이라는 조상님들의 혜안은 또 한 번 무릎을 탁 치게 만든다. 너무 EQ 지향적인 말이기 때문이다. 우리의 편도체는 생존을 위해 '영끌'하여 일을 한다. 생존에 위협을 느끼면 다 접고 오로지 나에게만 집중하며 위협을 벗어나기 위한 선택에 몰두하게 되므로 보이지도 들리지도 않는다. 일단 생존에 위협이 없다고 확신이 들어야 감정이 안정되어 논리의 뇌가 움직이고 신체의 기능도 정상적으로 작동한다. '보고, 듣고, 생각하고, 나누고' 하는 행동을 할 수 있게 되는 것이다.

고객센터 강의를 할 때 꼭 전달하는 내용이 있다. 지나치게 화를 내거나 소리를 지르시는 고객과 통화할 때 시계를 한번 보라는 것이다. 오전 11시 30분. 배고프다. 예민하다. 오후 5시 30분. 피곤하다. 예민하다.

직장인들은 점심시간을 이용하여 고객센터에 문의를 한다. 배가 고픈 상태, 피곤한 상태는 가장 예민한 상태이고 편도체에 알람이 켜진 상태이다. 거슬리는 게 있으면 다 공격하고 싶은 상태이므로 올바른 판단도 못하고 알고 있는 정보도 꺼내지 못한다.

상대에게 공감하거나 상황을 이해하는 EQ도 멈춘다. 오로지 딱 하나 내 목숨을 지키기 위한 행동만 할 뿐이기 때문에 배고프고 아플 때 걸려드는 상황이나 상대는 위험하다. 따라서 상대가 배가 고프거나 몸 컨디션이 안 좋은 상태임을 짐작할 수 있다면 충분한 공감과 배려 기술로 대화를 이어나가야 공격받지 않고 이기적 소통에 성공한다.

"아이고~, 고객님. 점심 시간이라 시간이 촉박하실 텐데 오래 기다리셨습니다."

"에그~, 컨디션이 안 좋구나. 우선 밥 먹고 좀 쉬고 천천히 이야기하자."

컨디션이 어떤지 확인하는 것, '밥 먹었니?'를 물어봐 주는 것은 밥을 못 먹어서 편도체가 예민한 상황이어도 보살핌을 받는 존재라는 것을 인정받는 상황이므로 편도체의 흥분은 가라앉고 긍정적인 감정이 되어 원하는 방향으로 소통할 수 있다.

또한 더 완벽한 소통을 원한다면 상대의 심상치 않은 예민함으로 공격을 받았을 때 '아는 그림' 방법을 활용하여 감정조절을 하는 것도 좋다. 배가 고픈지, 컨디션이 안 좋은지 등 어떤 상태인지를 추측하여 상대의 공격적 신호에 흔들릴 수 있는 나의 감정을 붙들고 한 발자국 뒤로 물러서서 기다리는 선택도 적극 추천한다.

"이런 데서 말하면 거절을 못하지."

상대가 잘 안 듣는다고 하기 전에 그가 들을 수 있는 경청 상황을 만들어 주는 것은 소통의 성공에 매우 중요한 일이다. 상대의 상황을 배려하는 것을 시작으로 온도가 적당한, 조명이 따뜻한, 소음이 없는 장소에서 음식을 곁들인다면 더 좋다. 중요한 이야기를 전달하고 싶은 소중한 사람일수록 내 말에 경청을 잘할 수 있는 상황을 만들어 주는 이기적 소통은 당연히 상대의 상황을 극도로 민감하게 탐색하고 적합한 분위기를 마련하는 데 시간과 정성을 들이는 애씀이 필요한 것이다. 그가 매일 보는 가족이라면 더욱 성심을 다해.

이기적 소통을 위한 Tip

* 모국어로 이야기해도 불통이 될 수 있다. 상대방이 입력하여 해석이 될 수 있는 단어와 말의 속도를 고려하는 것은 소통의 기본이다.

* 소통이 잘 되려면 상대방의 상황을 민감하게 분석하라. 몸도 마음도 들을 상황이 아니라면 다시 타이밍을 보는 것이 좋다.

* 감정의 뇌가 긍정적 느낌으로 압도되면 대체적으로 설득이 될 준비가 된 것이다. 말솜씨에는 분위기 잡는 능력도 당연히 포함된다.

〚 3 〛

비언어적 요소 ②: 몸짓
친근하고 진지하게

66

친근한 스킨십의
놀라운 효과

99

"조회 수가 벌써 2,000만이 넘었다구, 대박~~! 진짜 너무 귀여워!"

우리나라에서 태어난 1호 아기 판다 푸바오가 '할부지'로 통하는 강철원 사육사의 팔짱을 끼고 머리를 팔에 기댄 채 할부지를 올려다보는 숏폼의 조회수는 가히 천문학적이다. 많은 영상 중 유난히 이 컷이 해외에서도 인기가 폭발한 이유는 '그냥 너무 귀엽잖아'라는 감탄 뒤에 '터치'가 진하게 숨겨져 있다. 푸바오와 할부지가 떨어진 상태에서 눈을 마주치는 것도 사랑스럽고 귀여운 장면이지만 딱 붙어 팔짱을 끼고 바라보는 장면에 비할 바가 아니다. 보는 사람들은 직접 경험하는 것이 아니어도 그 장면을 보는 순간 할부지가 되어 푸바오의 팔짱을 온몸으로 느끼면서 행복한 감정이 폭발하는 것이다. 간접 'touch'지만 보는 것만으로도 그 따뜻함이 전해지는 것이다. 둘은 한 마디도 안하고 있어도 그 순간 감정의 뇌는 수없이 많은 말을 주고받으며 사랑과 안정감을 소통하면서 느끼고 있는 것이다.

'애무, 만지지 않으면 사랑이 아니다'.

『나는 아내와의 결혼을 후회한다』의 저자 김정운 교수가 일본 심리학자 야마구치 하지메의 『애무』를 번역한 책 제목이다. 중요한 관계에서 '만지는 것'이 얼마나 중요한 표현 방식인지에 대해 심리학 측면에서 접근한 책인데, 당시 나는 'touch'가 소통에 몹시도 중요한 기술이라는 것을 확인하기 위해 공부하고 있었기 때문에 너무 흥미롭게 몰입한 기억이 있다.

'touch'는 '애착'과 깊은 관련이 있으며 소통과도 연관된다는 내용을 다이앤 애커먼의 『감각의 박물학』에서도 찾아볼 수 있다. 도서관 사서와 레스토랑의 웨이트리스를 대상으로 고객에게 무언가를 건넬 때 눈치채지 못하도록, 그러나 명확하게 살짝 스치는 터치를 하도록 부탁했다. 그랬더니 고객의 반응이 월등히 긍정적이었으며, 심지어는 사서가 미소를 띠지도 않았는데 미소를 보았다는 반응도 있었다. 살짝 스치는 듯, 그러나 따뜻한 느낌의 긍정적 터치를 한 웨이트리스는 훨씬 많은 팁을 받았는데, 고객은 그 이유가 '친절하게 잘 대해주었기 때문'이라고 답했다(물론 실험은 잘 설계된 상태에서 진행되었다.).

무언(無言), 즉 비언어의 소통 도구 중 '터치'는 둘 사이에 일어난 사건에 대해 감정적 착각을 일으킨다. 터치가 애착과 관련이 있다고 언급했듯, 누군가의 따뜻한 터치는 자신을 보살펴 주는 상대와의 관계를 더 밀착시키는 효과가 있어 긍정적인 소통으로 기억하게 해 준다. 물론 '만지면 안 되는 사이'끼리의 터치는 심각한 법적 문제를 불러온다는 것을 명심해야 한다. 그러나 사회적으로 용인된 정도와 관계 내에서라면, 다양한 형태의 터치는 소통에 유리하게 작용한다.

그러면 '만져도 되는 사이가 안 만질 때'는 어떨까? 문제가 없을까? 관계를 소재로 한 EBS 다큐멘터리에서 보았던 인상적인 문장을 소개하면 다음과 같다.

'만져도 되는 사이는 틈만 나면 만져라!'

만져도 되는 사이의 예로는 가족, 친구, 친밀한 동성 동료나 지인 등이 있다. 여기에 '연인'을 넣지 않은 이유는 연인끼리는 '터치 소통법'을 배울 필요도 없이 호시탐탐 '틈만 나면 터치'하면서 소통하기 때문이다.

안타깝게도 연인관계에서는 '틈만 나면 터치'로 소통하던 사이가 결혼해서 부부가 되면 터치가 차츰 드물어진다. 법적으로 '만져도 되는 사이'인데도 연애할 때보다 터치가 줄어드는 것이다.

'만져도 되는 사이'가 안 만지기 시작하면 관계에는 문제가 생기고, 소통은 불통으로 간다. 터치는 서로의 존재를 감정의 뇌로 즉각 확인하는 작업이며, 긴밀한 관계는 터치와 동시에 소통의 문이 열리기 때문이다.

"딸이랑 잘 지내고 싶지만 소통이 안 돼요."

"내가 말을 시작하면 아내는 빨리 용건만 말하래요. 같이 산책을 가고 싶은데, 그 분위기에서는 엄두가 안 나요. 어디서부터 잘못된 걸까요?"

소통으로 긍정적 관계를 만들고 또 회복하고 싶다면, '만져라.'가 가장 어렵고도 쉬운 답이 될 것이다. 손끝으로 전해지는 감정은 곧바로 상대방을 자신의 감정의 뇌로 데려가 가장 중요한 자리에 앉힌다. 자녀가 장성하고 나서도 소통을 잘하고 싶다면, 어린 자녀와 함께 텔레비전을 볼 때 발가락이라도 만지면서 손끝으로 사랑을 전함으로써 소통을 시도하길 바란다.

'당신은 내게 목숨만큼 소중한 존재야. 당신을 정말 사랑해.'라는 말은 날마다 매번 반복하기 어렵다. 하지만 '터치 소통'은 그 마음을 충분히, 그것도 직접 전달해 줄 수 있다. 사춘기의 자녀가 있거나 부부관계를 회복하고 싶다면, 아침저녁으로 '하이파이브'라도 시도해볼 것을 권한다. 실제로 교육생 중 한 분이 본인 가족은 아침마다 한 줄로 서서 하이파이브를 하는 것으로 하루를 시작한다고 했다. 그분은 평소에 '터치 소통'은 생각하지 못했음에도 가족 간에 불편함 없이 소통이 잘되는 이유가 있었다며 즐거워했다. 소통은 '어퍼컷이 아니라 잽'이라고 했던 말을 기억한다면, '터치 소통'은 몹시도 훌륭한 '잽' 소통이라 할 수 있다.

앞서 언급했던 'cyber ball 실험'을 다시 떠올려 보자. 관계에서 소외되었을 때 경험하는 마음의 상처로 인해 활성화되는 뇌의 부위는 육체적 통증을 느낄 때 활성화되는 뇌의 부위와 동일하다. 또한 두통, 근육통 등의 통증을 진정시키는 '타이레놀'이 '마음의 상처'를 치유하는 데도 효과가 있다는 최신 연구 결과를 보면, 우리의 마음은 분명 몸과 연결되어 있다.

소통은 단어와 문장만으로 이루어지지 않는다. 무언의 적절한 터치가 있을 때 더 많은 말을 전할 수도 있다. 언어로는 표현할 길 없는 마음이라 해도 '터치 소통'으로 충분히 전달 가능하다. 슬픔에 잠긴 상대를 위로할 때, 백 마디 말보다 어깨를 다독여 주거나 손을 가만히 잡아주는 터치가 더 효과적일 수도 있다는 뜻이다.

"

고작 10센티미터였을 뿐인데

"

"도대체 내 말을 듣고 있는 건지 딴생각을 하는 건지, 속이 터집니다."

"'나 누구랑 말하니?'라고 할 때가 있어요. 잘 듣고 있는지 확인이 안 되니까요."

소통 상황에서 지금 자신의 말을 안 듣는 것 같다는 의심이 들기 시작하면, 갑자기 불쾌해지면서 말하기를 멈출 때가 있다. 상대방이 편안한 사이라면 '지금 내 말 듣고 있어?'라고 확인하게 되는데, 이 과정에서 목소리의 톤은 이미 격앙되어 상대방의 감정의 뇌를 불쾌하게 만든다. 소통이 위험해지는 순간이다. 그의 말을 잘 듣고, 심지어 메모까지 하고 있어도 그에게 믿음을 주지 못하는 태도는 소통을 멈추게 한다.

5 말하지 않아도 알 수 있도록

소통할 때 눈을 보고 대화하는 것은 당연하고 테이블이 있다면 손은 항상 테이블 위에 놓아 상대가 보이도록 하는 것이 좋다. 손을 잘 보이게 하는 것이 긍정적 신호가 된다는 사례는 다른 문화권에서도 찾아볼 수 있다. 서양의 수평 인사인 '악수'도 그중 하나이다. 이는 '손에 무기가 없다'는 것을 확인시키는 작업이며, 식사 중 테이블 위로 손을 보여 무장하지 않았다는 것을 보여주는 동작이다.

지금 우리 사회의 분위기상 소통을 할 때 손을 보여야 하는 가장 큰 이유는 스마트폰 때문이다. 스마트폰은 분명 편리한 소통의 매개체이지만, 대화 중에 스마트폰을 놓지 않고 무언가를 계속 한다면 소통은 위험해진다. 혹시 대화 도중 스마트폰 때문에 오해 받을 여지가 있는 태도는 말로 설명해야 한다. 스마트폰으로 메모를 하고 있는 상황, 회의 중 고객에게 문자가 와서 바로 답장을 해야 하는 상황, 소통에 필요한 정보를 검색하는 상황 등, 충분히 설명을 하면 감정적 오해는 줄일 수 있다.

전화를 이용한 소통은 시간과 장소에 구애받지 않지만, 직접 대면이 아니기에 상대에게 집중하고 있다는 것을 증명하기가 쉽지 않다. 통화 중에 상대의 말에 집중할 수 없다면 소통을 미루는 것이 좋고, 그럴 수 없다면 설명을 통해 양해를 구해야 한다. 급하게 어디로 가는 중이라 좀 시끄러울 수 있다, 현재 있는 장소가 소음이 다소 있다 등등, 상대가 오해하지 않도록 충분히 알려주는 것이 예의이다.

그러나 역시 진심을 전하기에 가장 적합한 방법은 '대면 소통'이다. 시각적으로 확인시켜 줄 존중의 신호가 넘쳐나고, 바로 앞에서 듣는 목소리의 톤은 오해 없이 정확하게 전달되기 때문이다. 적어도 나를 앞에 앉혀놓고 다른 일을 하는 무례는 범하지 않기 때문이다(혹시 그런 사람이 있다면 정중히 소통을 미루는 것이 좋다.).

하지만 대면 소통에서도 신호의 에러가 없지는 않다. 상대가 자신을 무시하는 듯한 느낌을 받게 되면 자칫 소통은 엉망이 될 수 있다. 그렇기 때문에 철저히 상대에게 집중하고 있다는 신호를 확인시켜 줄 필요가 있다.

소통을 할 때 표현되는 시각적 신호 중에서 상대방을 향해 등(상체)을 10cm 정도 끌어당겨 상체를 움직이는 제스처는 몹시 집중해서 잘 듣고 있다는 강력한 신호이다. 그 결과 상대를 기분 좋게 만들 뿐만 아니라, 더욱 열심히 정보를 전달하려는 마음을 갖도록 이끌어 준다. 말을 하고 있을 때 상대가 집중하는 모습을 보여 준다면, 당연히 더욱 정확하게, 더욱 최선을 다해 이야기해야 할 것 같은 느낌을 받기 때문이다.

이기적 소통은 상대를 소통에 집중하도록 만드는 기술도 포함한다. 내가 보이는 감성 신호를 상대의 감정의 뇌에 퀵으로 전달하여 반응하게 하고 본능적으로 나에게 집중하도록 만들어 소통을 완성해 나가는 것이다. 또 하나의 무언(비언어)의 소통인 10cm는 상대를 기분좋게 설레이게 하고 더 열심히 말하고 싶게 만드는 에너지가 될 수 있다.

이기적 소통을 위한 Tip

• '만져도 되는 사람은 틈만 나면 만져라'. 소통에서 '터치'는 감정의 뇌에 즉각적으로 안착(anchoing)하는 중요한 신호이다.

• 소통 시 잘 듣고 있다는 신호는 보란 듯이 보여라. 딱 10cm만 상체를 당겨도 소통 분위기는 극적으로 좋아진다.

비언어적 요소 ③: 표정
볼수록 기분 좋은 사람

66

'나는 당신의 편'이라고
표정으로 말하기

99

"아버님~, 혹시 화나셨어요? 아들 공부시키느라 많이 힘드셨어요?"

"아이고~, 식사도 못 하셨나 봐요. 기운이 없어 보이세요."

아이 졸업식에 가족사진을 찍을 때 아이 아빠의 표정 때문에 항상 곤욕을 치른다. 제발 웃어달라고 소리치는 사진사는 돌쟁이 사진 찍는 거보다 더 힘들다고 말하며 연신 땀을 닦는다. 진심은 기쁘고 대견하고 또 오랜만에 찍는 가족사진이라 기분이 좋은데도, 당최 표정에서 느껴지지 않으니 답답하고 안타까울 때가 있다.

아무리 평소에 잘 웃지 않아도 우리는 사진 찍을 때는 미소를 짓곤 한다. 이는 함께하기 위해 필요한 '자기 가축화' 과정에서 가장 친근하고 다정하게 보여야 함께할 수 있다는 것을 깨닫고 찾아낸 방법 중 최고가 '스마일 표정'이기 때문이다. 스마일은 긴 설명이 없어도 적이 아니라는 것이 즉각 전달되는 강력한 신호이며, 동물 중 유일하게 얼굴 근육으로 표정을 만들어 소통하는 우리에게 필히 장착되어야 하는 소통 도구이다.

우리는 '우리'라고 믿는 상대에게 온정을 베풀도록 진화했고, 당연히 소통할 때의 우호적인 표정은 중요하다. '다정한 늑대: 강아지'가 가축이 될 수 있었던 이유 중 큰 부분이 동물 차원의 귀여운 스마일이었다. 먹을 것을 찾아 사람들의 움막에 다가갔다가 들키는 순간 귀를 뒤로 접고 꼬리를 흔드는 행동은 '돌봄'을 자극시키는 스마일 신호였으며, 공격심을 잠재우고 기꺼이 먹을 것과 쉴 수 있는 공간을 제공하게 했다.

『다정한 것이 살아남는다』에서 SNS나 프사(프로필 사진)를 다정하고 예쁜 표정의 사진으로 올려 나를 표현하는 것, 그리고 아이들이 방긋방긋 잘 웃는 것은 세상에 물들지 않고 순수하기 때문이기도 하지만 '돌봄'을 유발하는 전형적인 '자기 가축화'의 증거라고 말한다.

함께하는 사람에게 긍정적 표정을 넘치게 표현할 때 소통과 관계는 안정적으로 완성될 수 있다. 특히 지속적으로 표현되는 평소의 표정은 더 중요하다고 할 수 있는데 이미 감정의 뇌에 순간순간 입력되었던(일종의 '잽' 신호) 상대의 표정이 소통에 영향을 주기 때문이다. 말을 시작하기도 전에 '편안함' 또는 '불편함'의 감정이 떠오르고, '편안함'으로 입력된 표정은 스스럼없이 편안한 대화를 시작할 수 있다.

하지만 이미 '불편함'을 떠올린 상대와의 대화는 방어적이거나 수동적이고 공격적이 되어 그 표정으로부터 상처받지 않으려고 안간힘을 쓰게 되고 자존심을 지켜내기 위해 고군분투하게 된다. 이 상황에서 무슨 진실의 소통이 이루어지겠는가? 소통은 드라이하게 정보만 전달하고 재빨리 끝내고 싶어질 것이다. 심각한 경우는 전할 말이 있어 만나려다가도 평상시의 표정이 떠올라 문자나 메일로 전달하는 방법을 선택하기도 한다는 것이다.

"그냥 메일로 보내드려. 미팅 후 표정이 더 안 좋으셔."

"오늘은 표정이 더 심각한데. 무슨 일 있었어요?"

'가·만·이' 소통은 '가서·만나서·이야기'하는 소통법이다. 이 방법은 그 자체만으로도 상대방의 존재에 대한 존중과 호감이기 때문에 소통의 절반은 성공적이라 생각할 수 있다. 일단 앞에 나타난 것은 그만큼 중요한 사람이고 좋은 감정을 갖고 있다는 것이 증명되기 때문이다. 그러나 '가·만·이' 소통을 하려다가도 상대방의 평소 표정에 대한 느낌이 마음을 힘들게 할 것이라는 것을 아는 상태에서는 최선을 다해 만나는 것을 피하게 되면서 관계도 소통도 힘들어지게 된다. 누구든 내 앞에 나타나는 것, 나를 만나주는 것이 부담이 된다면 소통을 떠나서 삶과 관계에 대해 깊이 생각해 볼 문제이다.

그렇다면 어떻게 표정을 우호적으로 관리할 수 있을까? 안타깝게도 우리 문화는 특히 남자들에게 감정을 드러내는 것이 금기로 여겨져 왔고, 여자들도 너무 기쁘고 너무 슬픈 감정은 절제하여 표현하도록 배웠다. 물론 감정의 표현은 개인의 성향에 따라 다르게 나타날 수 있어서 수시로 사랑을 표현하는 아빠 때문에 집에서 도망 다닌다는 딸도 있고, 엄마의 오버 하는 감정 표현이 부담스럽다는 아들도 있다.

그러나 전반적으로 우리는 '절제가 미덕'이라는 문화에 스며들어 있고, 그로 인해 가족 간에도 진심을 전달하는 방법에 서툴러 오해와 슬픔으로 상처를 주고받는 오류를 만들고 있다. 이기적 소통의 차원에서는 당연히 우호적인 표정을 연습하라고 말하고 싶지만, 집안의 문화상 또 성향상 정말 안 된다면 말을 해서라도 제대로 전하기를 권하고 싶다.

"지금 너무 기쁜데 이렇게 밖에 표현이 안 되서 좀 그러네."
"너무 수고한 거 아니까 내 표정에는 신경 쓰지 마."

사실 정말 마음에 안드는 소통 방식이지만, 오해를 만드는 것 보다는 낫다.

우호적인 스마일 표정이 다 좋은 것은 아니다. 불만을 드러내고 분노한 상대에게 미소를 짓는 것은 위험하다. 그래서 분노를 빨리 가라앉히고 '나는 당신 편입니다'라는 감정이 들게 하여 공격성을 잠재우는 이기적 소통 방법을 소개하고 싶다.

그것은 '훅' 하고 원초적인 긍정적 감성 신호인 스마일을 날리는 방법이다. '갑자기? 그럴 분위기가 아닌데?' 할 수 있지만, 앞서 '훅' 하고 칭찬을 하면 당황스런 속도로 분노가 가라앉을 수 있다고 말한 내용과 비슷한 방법으로 소통의 이슈가 아닌 전혀 다른 내용으로 상대방과 함께 미소를 지을 수 있는 또는 함께 공감되는 표정을 지을 수 있는 소재를 소환하여 소통하는 것이다.

"그래도 오늘 날씨가 좋아서 작업이 잘 될 것 같아요."

"요즘 가전제품을 너무 예민하게 만들어서 저희도 고생입니다. 제 마누라도 잘 못해요."

불만을 접수하고 현장에 출동한 전문기사가 불만과 관련 없는 내용으로 분위기를 유도하면서 잠깐 보여주는 미소는 상대의 감정의 뇌를 무방비 상태로 만들어 서서히 분노를 잠재워 갈 수 있다.

"오~, 그래도 줄은 짧은데."

"엘리베이터는 우리 편이군! 열려라 참깨야 뭐야~, 그치이?"

시간도 엄청 많이 걸렸고 주차에도 진땀을 빼고 식당표시도 제대로 되어 있지 않아 헤매느라 가족 회식 분위기가 어색해졌을 때 내가 주로 사용하는 멘트이다. 어떻게든 좋은 표정을 보여 줄 틈을 만들어 가족들의 표정을 긍정적으로 바꾸려는 나의 현란한 소통 솜씨라고나 할까. 나도 짜증이 나지만 그래도 애쓰는 이유는 맛있는 식사를 하면서 가족들의 불편한 표정을 보고 싶지 않은 가장 나 중심적인 이기적 선택인 것이다.

언어와 콜라보를 하는 무언(비언어)의 소통 도구인 '표정'은 나에게 이득이 되는 이기적 소통을 성공시키는 데 필요한 필수 옵션이다. 평소에도 평온하고 우호적인 표정을 '기본값'으로 세팅해 놓으면, 함께하는 사람들은 부담 없이 소통을 시작할 수 있다.

'표정'은 마음의 상태를 나타내므로 스트레스를 잘 관리하고 명상, 걷기, 마음 수련 등 방법을 찾아 나 스스로 먼저 평온해진 얼굴로 만들어 가기 위한 노력을 해야 한다. 평온한 삶을 살아가는 사람의 우호적인 표정은 많은 말을 하지 않아도 따뜻한 내 편이 되어 줄 것이라는 믿음을 갖게 하여 부담 없이 문을 열고 들어서도 행복한 소통을 할 수 있을 것이라는 예측을 할 수 있기 때문이다.

66

웃는 얼굴이
부정적 감정을 몰아낸다

99

"혹시… 학원 다니시나요? 무슨 말을 그렇게 잘해요?"

"무슨 말을 해줘야 할지 방법을 잘 모르겠어요."

말을 잘 못한다고 생각하는 사람들은 상대방을 위로해 주고 싶은데 어떻게 말해야 할지 모르겠다고 한다. 또 상처 주지 않고 반박하려면 어떻게 말해야 하느냐고 혹시 어디 말하는 법 배우는 학원 있냐고 물어보기도 한다.

그러나 우리는 말로 소통하기 전에 표정으로 소통을 먼저 시작했다. 포유류 중 유일하게 얼굴에 털이 없는 이유도 수많은 표정 근육으로 소통을 하며 자꾸 움직이니 털이 없어지다가 안나기 시작했다고 한다. AI가 할 수 없는 우리의 거대한 능력이 표정으로 소통하는 것이며, 표정만으로도 병을 진단하는 AI가 개발되고 있

다고 하지만, 우리의 눈으로 캐치하는 세심한 얼굴 근육의 움직임
으로 진짜 감정을 알아차리려면 더 많은 시간이 필요할 것이다.

　　말이 어눌해도 감정을 세밀하게 표현하는 표정이 감동을 줄
수 있다. 특히 공감이 필요할 때는 상대방과 똑같은 표정을 지으면
즉각적인 공감이 되곤 한다. 상대와 같은 표정을 지으려면 상대에
게 집중해야 하므로 천 마디의 말보다 더 귀한 위로가 될 수 있기
때문이다.

　　영화 〈맨체스터 바이 더 씨〉(2017, 감독 케네스 로너건)에서 삼촌
과 조카는 형과 아버지를 잃은 슬픔을 한 마디의 말도 없이 눈을 마
주치며 표정으로 읽어내고 공감한다. 적은 대사에 많은 표정과 장
면으로 인간의 감정을 표현하며 영화 전체를 이끌어 가는데 영화
가 끝났는데도 마치 삼촌과 조카가 미국 어디에선가 실제로 살고
있을 것 같은 착각이 생길 정도로 몰입이 된 이유는 감정의 뇌로 받
아들였기 때문이라는 생각이 든다.

　　반면 베네딕트 컴버배치의 드라마 시리즈 〈셜록 홈즈〉는 대
사가 길고 속도가 빨라 정신을 똑바로 차리고 논리의 뇌로 봐야 이
해할 수 있는데, 말을 엄청 잘하는 셜록 홈즈의 똑똑함은 인정하지
만 감동적이지는 않다. 마음이 아니라 머리에만 남기 때문이다(그
러나 추리극을 좋아하는 취향을 갖고 있다면 적극 추천한다.).

한 치의 오차도 없이 정확한 내용의 말을 깔끔하고 똑똑하게 잘 하는 것과 그 사람과 좋은 관계를 만들고 싶은 것과는 다른 차원의 문제인 것이다. 따라서 함께하고 싶은 사람이 있다면 감정의 뇌와 먼저 소통하여 상대를 공감하고 표정으로 표현하는 연습을 먼저 하는 것이 순서이다. 상대의 상황에 몰입하여 감정을 공감하고 표정으로 전해야 차원높은 소통이 되며 관계도 깊어진다.

함께하기 위한 소통에 가장 필요한 표정 중 으뜸은 미소인데, 『성취 심리』의 저자 브라이언 트레이시는 성공의 85%는 인간관계에 있고 좋은 인간관계를 가늠하는 척도는 얼마나 잘 웃는가에 따라 결정된다고 한다. 저명한 저자의 말을 빌리지 않아도 우리에게 전해지는 "웃는 얼굴에 침 못 뱉는다.", "웃으면 복이 와요."에 담긴 뜻은 관계와 소통에 중요한 메시지가 된다.

'최초의 얼굴 지도'인 '얼굴 움직임 부호화 시스템(FACS, Facial Action Coding System)'을 만든 미국의 심리학자 폴 에크만은 비언어적 커뮤니케이션 분야의 세계적 전문가이다. 그는 표정, 몸짓, 목소리만으로 진실을 말하는지 거짓인지를 알아내는 것뿐만 아니라 감정 상태를 정확히 알아낼 수 있다는 연구 결과를 발표하면서, 표정은 문화나 역사와 관계없이 동일하게 전달되는 감정 표현의 지표라고 말한다.

에크만의 여섯 가지 감정의 기본 표정과 함께 우리는 의지로도 표정을 만들 수 있다. 표정을 만드는 얼굴의 근육은 수의근의 하나로, 내 의지대로 움직이는 근육이기 때문이다(반면에 불수의근은 내 의지와 상관없이 움직이는 근육. 심장 등 내장 근육을 가리킨다.).

따라서 미소를 짓는 것은 상대에 대한 나의 최고의 감정을 작심하고 표현하는 것이므로 즉각적으로 '내 편'을 만들 수 있는 표정이 된다. 또한 미소는 감정의 전염성을 가장 잘 증명할 수 있는 표현이기도 하다. 코카콜라에서 만든 광고 중 지하철에서 어떤 사람이 갑자기 웃기 시작하자(스마일의 정도가 아닌 박장대소 수준), 우울하고 지친 표정으로 있던 사람들이 하나둘 따라 웃기 시작한다. 영문을 모르고 광고를 보는 사람도 따라서 웃게 만드는 15초짜리 작품이다. 그러나 만약 지하철에서 누군가가 슬프게 울고 있다면 마음은 심란하고 왜 우는지 궁금하지만 즉각적으로 따라서 울기는 쉽지 않을 것이다.

웃음, 미소가 전파력이 강하다는 것은 다행이고 행복한 일이다. 이 강력한 전파력을 이기적 소통에 활용해 보자. 우선은 나의 온화하고 평온한 표정을 만들기 위한 마음 수련 방법의 하나로, 얼굴의 근육을 의지대로 움직여 미소를 지어보는 것이다.

우리의 뇌는 억지로 웃어도 엔돌핀이 분비되며 실제 웃음과 같은 효과를 갖는다고 한다. 즐거운 일이 있어서 웃는 것이지만 웃을 때 움직이는 근육은 우리의 의지로도 움직일 수 있기 때문에 억지로라도 얼굴 근육을 움직여 미소를 지으면 즐거워질 수 있다. 웃음 박사로 알려진 미국 루이빌 대학의 심리학과 교수 클리포드 컨 박사는 한 번에 2분씩 틈날 때마다 억지로라도 웃으라고 조언한다.

'미인계보다는 미소계'는 정신과 의사 사공정규가 저서 『마음 출구 있음 YOU TURN』에서 웃음의 뇌 과학을 소개하면서 강조한 차원 높은 관계 전략이다. '미소계'는 우리의 이기적 소통 작전에 딱 들어맞는 아주 좋은 단어이다. 말을 잘하지 못한다고 고민하지 말고, 표정을 잘 표현하는 연습에 좀 더 열심이어야 한다. 잔잔한 미소로 장착된 표정으로 상대방의 부정적 감정을 몰아내어 긍정적으로 소통할 수 있도록 분위기를 주도하고 더 나아가 다양한 표정을 사용하여 무언(비언어)으로 마음을 전할 수 있는 소통의 고수가 되기로 해보자.

이기적 소통을 위한 Tip _____

• 소통을 잘하고 싶다면 미소를 띠는 게 좋다. 놓치고 싶지 않은 관계가 있다면 미소를 보여주어라. 그가 내 삶에 소중하다면 함께 웃어라.

• 스마일은 폭격기 같은 파워로 부정적인 감정의 뇌를 무력화시킨다. 그는 의지와 관계없이 나에게 무너질 것이다.

• 스마일은 순간적인 소통 작전이기도 하지만, 평상시에 나의 감정을 관리해야 하는 '잽' 소통의 기술로서 더 큰 의의를 지닌다.

〚 5 〛

비언어적 요소 ④: 눈맞춤
진심을 가득 담기

말하지 않아도
온 몸으로 느낄 수 있는 이유

"아니야. 괜찮아. 집에 바퀴 달린 거 있으니까 날개 달린 건 없어도 돼."

눈에서 꿀 떨어진다는 말처럼 유일하게 레고 코너 앞에서는 눈에서 강렬한 욕망을 드러냈던 아들이 눈은 레고에 고정한 채 한 말이다.

"어차피 해야 하니까. 지금 할게."

이것은 귀찮은 분리수거를 부탁했을 때, 아들이 눈을 마주치지 않고 한쪽 다리를 질질 끌고(무의식적으로 나타나는 하기 싫은 표현임.) 박스를 들고 나가며 하는 말이기도 하다. 정말 날개 달린 레고는 안 사줘도 되는 걸까? 엄마를 돕는 분리수거는 기꺼운 마음으로 하는 걸까?

무언(비언어)으로 표현되는 속마음은 재채기처럼 감출 수가 없다. 애써 감추려 해도 눈빛이나 표정, 목소리의 톤이나 몸에서 드러나는 제스처로 바로 들켜버린다.

특히 눈빛은 무방비 상태로 노출되는 속마음이며 진심이다. 말로 하지 않아도 보이는 비언어적 소통은 상대방에게 조금만 집중해도 알 수 있다. 그리고 상대가 나에게 소중한 존재일수록 더 잘 알아챌 수 있다.

"내 눈 피하지 말고 똑바로 말해. 뭐 숨기는 거라도 있어?"

무언의 표현 뒤에 감추어진 속내는 눈빛을 통해 무수히 많이 전달되는데, 그 이야기는 상대방의 진심을 알려면 눈을 보아야 한다는 것이다.

앞서 언급했던 '멜라비언의 법칙'도 소통에서 언어가 차지하는 비율은 고작 7%에 불과하다는 것을 지적하고 있다. 이처럼 우리는 말보다 표정을 포함한 몸짓(비언어) 소통을 먼저 시작했기 때문에 어쩌면 상대방의 몸짓 표현에 집중하여 소통해야 말보다 더 중요한 것을 놓치지 않을 수 있다.

그중 '눈빛'이 주는 영향력은 단연 압도적이다. 따라서 진심의 소통을 하기 위해서는 눈빛 신호를 재빨리 분석하고 진심과 의도를 알아차리는 노력을 해야 한다.

반면 나의 진심을 들키지 않기 위해서는 눈을 피하고 소통을 하는 것이 유리할 때가 있다. 그리고 들키고 싶지 않아하는 상대의 속마음을 확인해야 할 때도 눈을 마주치지 않고 소통하는 방법은 곤란하거나 무안해지는 상황을 자연스럽게 피하며 편안하게 진심을 털어놓을 수 있는 소통이 된다.

"사실은 날개 달린 거 갖고 싶은데 왜 그렇게 말해? 엄마는 다 알아!"

"분리수거 도와주는 게 그렇게 힘든 일이야?"

"이 대리는 이게 내 일인가 싶잖아? 내 일이 아니라는 생각이 드니까 하기 싫은 거잖아! 다 알아!"

자칫 눈을 똑바로 바라보고 그 속마음을 다 알고 있다고 속 시원하게 소통하는 것은 위험한 소통이 될 수 있다는 것이다.

"엄마가 생각해 보니까 조금 있으면 어린이 날인데, 지금 그 선물 살까?"

"가만있어 보자. 우리 아들이 선물 받을 만큼 착한 일을 한 거 같은데 뭐였더라?"

손을 잡고 걸어가며 네 속마음을 알고 있다고 말하면서 옆눈으로 슬쩍 보니, 눈빛과 표정에서 조그만 머리가 분주하게 움직이는 것이 드러난다.

"일이 많아졌지? 이 대리가 구매 담당이라 재고 상황을 참고해야 해서 재무팀이 비용 절감 차원에서 검토하라고 한 거 같아."

이 방법은 '쓰리 쿠션 소통'인데, 심정이 어떤지, 또 불만이 뭔지, 그 진심을 다 알고 있다고 말해 자칫 숨기고 싶은 것을 들켜버리는 당황함과 자존심 상함으로 이어질 수 있는 '하이패스 소통'과는 상반된 것이다. 진심을 끌어내어 눈앞에 펼쳐 보이는 것보다 명분을 찾아주고 당위성을 갖게 하며, 슬쩍 눈빛을 피하고 말하는 '쓰리 쿠션 소통'은 스스로 진심을 보이는 용기를 낼 수 있도록 기회를 주는 더 좋은 방법인 것이다. 솔직함을 예의와 배려로 표현하는 '쓰리 쿠션 소통'은 눈빛으로 맞닥뜨리는 공격이 아니라, 옆에 가서 슬쩍 앉아 말하는 안심과 편안함을 주므로 결과적으로 나에게 더 유리하다는 것이다.

무언으로 전달되는 비언어 소통은 영유아기 소통이다. 눈을 마주치고 속마음을 말로 표현할 줄 몰라서 온몸으로 소통할 수밖에 없는 영유아기 소통을 성인이 의도적으로 하는 것은 사실 문제가 있다. 할 말을 진솔하게 말로 표현할 줄 아는 노력도 당연히 해야 한다.

그러나 미처 말로 전하지 못하는 진심이 무언으로 전해질 때는 분명 이유가 있다는 것을 이해하고 조금 더 긴장하고 세심하게 상대를 살펴보자. 그의 눈빛이 말하는 것을 알아차리기 위한 노력은 관계를 더 좋게 만들 것이다. 사랑과 미움이 말이 아니라 첫눈에 시작되는 것처럼 말하지 않아도 느낄 수 있는 우리의 감정의 뇌를 더 적극적으로 활용하여 진심을 알아주는 소통을 하자.

66

시선을 맞추니 마음이 사르르

99

"너무 좋은 건 눈을 봐야만 말할 수 있어서였어."

"눈을 맞추고 이야기하면 온 세상에 둘만 있는 거 같아."

귀가 잘 안 들리는 남자 주인공(정우성 분)과 사랑에 빠진 여자 주인공(신현빈 분)의 만남과 사랑, 이별에 대한 드라마 〈사랑한다고 말해줘〉(2023)에 나온 여자 주인공의 대사이다. 극중 두 사람은 처음 만났을 때부터 서로의 눈을 집중해서 보지 않으면 대화가 안 되는 상황이었다. 그리고 이 과정에서 서로에게 좋은 감정을 느끼게 되어 사랑이 싹튼다.

눈을 봐야만 소통이 되었던 두 주인공은 다른 연인들보다 더 빨리 사랑에 빠질 가능성이 높았다. 눈을 통해 전달되는 감정은 말로 표현하기 힘들지만, 마음의 느낌이 진하게 전달되어 심정을 헤아리고 공감할 수 있게 만들기 때문이다. 또한 대화할 때 눈을 보는 것은 말의 내용을 정확하게 듣기 위한 필수적인 태도이기도 하지만, 더 중요한 것은 상대에게 집중하고 있다는 강력한 존중의 신호이기도 하기 때문이다.

눈에 대해서는 유독 많은 표현들이 있다. '사랑스런 눈빛', '밝은 눈빛', '어두운 눈빛(dark eyes)', '멜로 눈빛(사랑을 표현하는)', '잡아먹을 듯한 눈빛', '마지막임을 아는 듯한 눈빛', '동공 지진' 등 마음 상태와 상대에 대한 감정을 눈빛으로 표현한다. 또한 '째려본다, 꼬나본다, 흘겨본다, 바라본다' 등 눈을 어떻게 보는지에 대한 표현도 다양하다. 이렇게 눈과 관련된 표현이 다양한 이유는 우리의 신체에서 가장 신속하게 감정이 표현되는 부분이며 눈의 생김새 또한 동물들과 다르게 진화하였기 때문이다.

우리의 눈은 안과 해부학적으로 들어가지 않아도 각막(검은자위)과 공막(흰자위)을 뚜렷하게 구분할 수 있고 다른 동물에 비해 공막의 비율이 높다. '함께하기' 위한 진화의 선택으로 서로의 감정을 인식하고 정보를 교환하기 위해 좀 더 또렷하게 표현할 수 있는 방향으로 공막의 비율이 높아진 것이다. 눈으로 감정을 잘 전달하기 위해서는 각막의 움직임이 쉽게 노출되어야 하고 그러기 위해서는 공막이 도화지 같은 바탕 역할을 해주어야 하므로 비율이 높아지게 진화했다는 것이다.

랄프 아돌프 연구팀은 2005년 〈네이처(Nature)〉지에 사람의 눈으로 감정을 인식하는 정도에 관한 연구 결과를 발표하였는데 사람이 상대방이 느끼는 공포의 감정을 인식할 때 눈을 통해 아주 많은 정보를 얻으며 이는 7개월 영아들을 대상으로 한 실험에서도 동일한 결과를 나타냈다고 한다. 눈을 통해 전달되는 감정은 설명해주거나 배우지 않아도 느낄 수 있다는 것이다.

우리는 말을 하기 전부터 눈을 통해 감정을 소통하였기 때문에 눈만으로도 할 수 있는 마음의 교환방법은 어쩌면 소통의 시작이며 함께 생존할 수 있었던 출발점이었을지도 모른다. 이제는 말로 소통할 수 있지만, 우리 안에 내재된 눈빛의 활용 기술은 여전히 유효하며 효과적이다.

눈을 보고 소통하는 것은 말보다 더 많은 것을 주고받을 수 있는 소중한 기회가 되며, 심지어 건강에까지도 영향을 준다고 한다. 서로 소중하다고 생각하는 사람들이 눈을 맞추면 사랑받을 때 분비되는 호르몬 옥시토신은 사랑받고 있다는 안정감과 행복감을 느끼게하는 동시에 자폐증, 치매, 심장병 등을 치료하는 데도 도움을 준다고 한다. 몸도 마음도 건강해지는 옥시토신은 진솔한 눈빛 교환과 또 한 가지 (앞서 언급했던) '만지기(안아주기 포함)'를 통해 분비되게 할 수 있다. 지금 함께 눈 맞추고 안아줄 사람이 없다면 약간 슬픈 일이지만 강아지와 눈을 맞춰도 옥시토신은 분비된다고 하니, 아쉬운 대로 강아지를 입양하는 것도 생각해볼 일이다. 강아지와의 눈맞춤은 반려인의 마음과 몸의 건강에 직접적인 영향을 준다고 한다.

호감을 표시하며 서로를 알아가는 '썸' 역시 눈빛으로 시작한다는 것을 부인할 수 없을 것이다. 분명 나를 바라보는 눈빛은 다른 사람을 볼 때와는 느낌이 다르다는 것을 확신하게 되고 설레기 시작한다. '썸'이 시작되는 것이다. 그러나 긴 시간 '썸'을 타다 연인이 되었어도 '썸'이 아닌 '쌈'이 되는 것은 순식간에 일어날 수 있다. '썸'일 때는 휴대폰이 울려도 '아…안받아도 됩니다. 어디까지 말씀하셨죠?' 하며 눈빛을 초롱거리며 집중하곤 한다. 하지만 연인이 된 상황에서는 가끔 휴대폰 보며 '응. 들려. 말해~' 하면서 노룩(no look) 소통이 잦아지게 된다. 이 상황의 반복은 존중이 아닌 무시당함을 느끼게 되며 갈등이 시작될 수 있다.

"자기 변한 거 같아. 하나하나 설명하면 치사해질까봐 말 안 하는데, 아무튼 달라졌어,"

놓치고 싶지 않은 연인이라면 '눈빛'부터 다시 시작하자. 혹시 'SNS'가 한글 키보드로 '눈'이라는 것을 알고 있는가. SNS나 톡, 문자, 통화보다 '가·만·이' 진짜 눈빛을 보여주고 확인시켜 주자. 얼마나 소중한 사람인지 얼마나 귀한 존재인지를 눈을 통해 알려주는 것만큼 확실한 소통은 없다.

가족도 마찬가지로 눈을 보기 위해 최선을 다해 '가·만·이(가서 만나서 이야기)'하는 수고를 아끼지 말기를 권한다. 집이 넓건 좁건 무조건 가서 눈을 보고 이야기한다면 무언가 설득을 해야 하는 결정적 순간에 좀 수월하게 소통이 될 수 있을 것이다. 기억하는가. 소통은 '어퍼컷'이 아니라 '잽'이어야 한다는 사실을. 잦은 눈맞춤으로 배수진(물밑 작업)을 쳐놓고 상대방의 마음을 점령한 뒤 유리한 입장에서 소통하는 이기적 소통을 성공시키기를 바라본다.

> ❝

공격적으로 보일 수 있는 눈빛이
따로 있다?!

> ❞

"아니, 나는 진짜 아무 말도 안 했는데. 그냥 물 좀 달라고 했는데 후배가 울어요."

"김연경 선수, 솔직히 저 순간 후배에게 뭐라고 한 거죠? 욕을 했나요?"

국가대표 배구 선수 김연경은 가끔 변명을 해야할 때가 있다고 한다. 브라질 리우 올림픽 때 한일전 장면에서 캡처된 사진도 그중 하나인데, 실수한 후배의 어깨를 감싸며 바라보는 김연경선수의 눈빛 때문이었다. '지금 화났구나.', '후배를 혼내는구나.', '짜증내나?' 등 다양한 추측을 만드는 눈빛은 각막이 한쪽으로 쏠려 공막이 상대적으로 많이 드러난 모습이었다. 표정이 굳어져 있으니 더욱 오해를 받을 수 있었으며 일본에서는 이 장면에 '너 내 유니폼 입었냐?', '치킨은 후라이드다!', '에어컨 끄라고 했지!' 등 표정과 어울리는 대사들이 수백 개가 올라왔다고 한다. 김연경 선수는 변명 아닌 설명을 매번 해야 했는데, 사실은 '괜찮아~ 괜찮아~ 아직 몇 개 더 남았어.' 하며 후배를 다독이는 장면이었다고 한다.

감정의 뇌에 입력되는 신호 중 가장 신속히 반응하는 것은 시각적 신호이므로 소통할 때 눈빛 교환은 더욱 중요하다. 우리가 눈으로 감정을 전달할 수 있는 이유는 공막이 비율적으로 가장 많이 드러나기 때문이다. 인간을 제외한 동물의 공막은 공격하거나 부정적으로 흥분하지 않았을 때는 잘 보이지 않지만, 목숨을 걸고 싸워야 하거나 상대를 공격할 때 공막을 드러냄으로써 심상치 않은 상황임을 눈빛으로 표현한다.

순하디 순한 소도 소싸움을 할 때는 흰자위가 드러나는 것을 볼 수 있다. 마찬가지로 우리도 공막이 많이 드러나는 경우 예를 들면 '째려보는', '흘겨보는', '꼬나보는' 등의 경우 상대방을 공격하는 눈빛으로 보일 수 있는 데 폭력적인 영화에서 나오는 대사 중 '너 눈빛이 왜 그러냐? 건방지게!', '눈 깔아라. 맞기 전에.' 등은 눈으로 공격성이 강하게 표현되고 연기를 잘하는 배우는 눈빛으로 여러 명 죽인다고 표현되기도 한다.

그 어떤 신호보다 눈빛 신호가 더 영향을 주기 때문에 만약 상대를 때리려고 주먹을 쥔 상태에서 눈은 미소를 띠고 세상 맑게 상대를 본다면 눈빛 때문에 공격의사가 없는 것으로 보여 상대를 방심하게 하는 작전은 성공할 것이다.

"그 친구 다 좋은데, 눈빛이 안 좋아. 뭐라 설명할 수는 없는데, 암튼 그래."

소통을 할 때 눈빛은 소통의 결과를 가늠하게 한다. 그리고 당연히 관계에도 영향을 준다. 그러므로 상대적으로 공막이 많이 보이는 우리는 각별히 주의하여 눈빛을 표현해야 할 것이다. 우선은 '보는 것'이 중요하며 눈빛을 통해 교환되는 감정을 세심하게 해석하고 소통에 참고하여야 할 것이다.

노룩(no look)은 상황과 관계없이 반드시 무시되는 느낌을 준다는 것을 기억하고, 상대를 바라볼 때는 공막이 많이 드러나지 않도록, 긍정적으로 바라보는 눈빛이 되도록 연습해야 할 것이다. 몸 전체를 돌려 상대를 바라보는 정성은 당연히 존중의 신호가 된다. 그리고 눈빛뿐만 아니라 하던 일을 멈추고 상대에게 집중하는 제스처를 보여줌으로써 소통은 더욱 긍정적 분위기로 진행될 수 있을 것이다.

이기적 소통을 위한 Tip _____

- 눈빛은 무언(비언어)으로 하는 소통의 핵심 신호이다. 상대방의 눈빛이 전하는 속마음에 집중하라.

- 속마음을 확인하고 싶다면 눈을 보며 즉각적으로 확인하는 '하이패스 소통'보다 눈을 피하며 에둘러 말하는 '쓰리 쿠션 소통'도 좋다.

- 눈맞춤도 '잽' 소통의 중요한 신호이다. 자주 보고, 반드시 보고, 예쁘게 보자.

- 눈빛을 교환할 때 공막을 잘 관리해야 한다. 자칫하면 공격적이라고 오해를 받을 수 있기 때문이다.

〔 6 〕

비언어적 요소 ⑤: 감탄사
불꽃놀이 같은 감정 전달

##

독립적이고 자유로운 외마디

,,

"오~~ 좋은데~!"

"와우~~ 괜찮네~!"

"오 마이 갓~~! 너무 맛있어!"

감정을 잘 느끼는 사람은 감정이 느껴짐과 동시에 바로 표현
이 되는 '감탄사'를 즐겨 사용한다. 긍정적인 상황이나 부정적인 상
황이나 동일하게 별 단어나 문장없이 표현되는 감탄사는 많은 이
야기를 포함한 또 다른 형태의 소통이다. 의도적이지 않아도 본능
적으로 표현이 되는 감탄사는 독립적 언어이기 때문에 감탄사만으
로도 소통이 가능하다. 그리고 심지어 언어가 통하지 않아도 소통
할 수 있는 자유로운 언어이다.

감탄사는 신속하게 감정의 뇌를 자극하는 소통 언어로, 단어

와 문장을 해석하는 데 걸리는 시간보다 더 빠르게 마음을 전달하는 언어이며, 때로는 짧지만 강력한 언어가 될 수 있다.

그러나 분석과 판단을 먼저 하는 성향의 사람은 사실을 확인하기 전에 감탄사를 말하기가 어려울 수 있다. 공감이 어려울 때 무언의 touch로도 충분히 마음을 전달할 수 있는 것처럼 감탄사도 잘 사용하면 백 마디의 말을 거들 수 있는 위력이 있기 때문에 소통에 사용하기를 적극 권장해도 개인의 성격에 따라 활용도가 낮을 수 있다는 것이다.

"엄마한테 칭찬받고 싶어서 신발을 예쁘게 벗어 놓았네."

"회의실을 팀장님이 좋아하시는 스타일로 준비했네요."

상황에 대한 정확한 설명이고 행위의 주체는 마음을 알아주어 기쁠 수 있다. 그러나 여기에 감탄사로 첫 마디를 시작한다면 감동은 더 할 것이다.

그리고 직역으로 사실을 나열하기보다는 행위자의 의도를 간접적으로 표현하면 더 부드러운 소통이 될 수 있다.

"와~, 신발을 예쁘게 벗어 놓아서 엄마한테 칭찬받겠는걸~."

"오~, 역시~ 센스있네. 회의실을 팀장님이 좋아하시는 스타일로 준비했네~."

행위자가 감정보다 논리를 좋아하는 성향이어도 감탄사가

포함된 문장을 듣게 될 때는 긍정적인 소통 분위기가 만들어진다.

감탄사를 들으면서 이미 자신의 좋은 의도가 정확하게 전달되고 있다는 것을 확인할 수 있기 때문이다.

또한 감탄사는 감동은 했는데 어떻게 말해야 할지 당황스럽거나 행위자의 의도를 정확하게 파악하지 못했을 때도 상대가 스스로 행위의 이유를 즐겁게 설명할 수 있는 기회를 준다.

"오~아~ 그치…"

"네~ 시간 때가 애매하여 빵보다는 과일로 간식을 준비하였습니다."

"와~~ 역시~~~."

"요즘은 과일 간식을 위생적으로 준비하여 이렇게 예쁘게 포장해서 배달해 주더라고요."

그리고 감탄사는 언어가 발달하기 전의 소통방식으로 원시 본능적 감각에 집중되어 있는 아기들과의 소통에는 필수적인 언어이다. 언어로 의사를 전달하는 방법을 배우는 중인 아기들은 이해하는 논리의 뇌보다는 우선 감정의 뇌로 소통하기 때문에 감탄사로 시작하는 아기와의 소통은 상대의 표정과 소리로 느껴지는 감정을 해석하고 감성적 집중력을 높여 자신의 의사를 표현하는 방법을 자연스럽게 배우는 기회가 된다. 아기를 키우는 엄마들에게 수다스럽고 과장된 표현을 하면서 아기와 소통하는 것이 중요하다고 하는 이유는 상대의 신호에 집중하여 표현도 언어도 신속히 습득할 수 있는 기회를 주기 위함이다.

군더더기 없이 선명하고 똑똑하게 말할 수 있는 것은 훌륭한 재능이다. 그러나 그 이야기를 듣는 상대방이 느끼는 감정을 고려하여 소통한다면 더 훌륭한 재능이 될 것이다. 여기서 소개한 여러 가지 이기적 소통의 방법은 개인의 성향에 맞지 않거나 어려울 수 있다(특히 감탄사). 그러나 상대의 감정을 소중하게 관리하여 나의 감정을 긍정적으로 유지할 수 있도록 하는 소통 방법이 필요하고 때로는 언어소통보다 더 중요할 때도 있다는 것을 경험했다면 무언(비언어)의 소통방법이 얼마나 매력적인지 확인해보기를 권한다.

그중 감탄사가 또 얼마나 효과적인지도 실험해 본다면, 예상외로(안 하던 사람이 하면 더욱) 즐거운 소통이 될 것이다.

66

감탄부터 하라!
분석하고 평가하기 전에

99

"다음에 동그랑땡 만들 때는 고기 비율을 조금 줄이면 딴딴하지 않고 더 맛있어."

"주차 공간이 좁을 때는 핸들을 크게 돌리면 좋아."

솜씨가 어떠하든 나누어 먹고 싶어 가져간 동그랑땡이 타박을 받는 순간 마음도 슬퍼진다. 좁은 공간이지만 어깨가 으쓱할 정도로 주차를 잘 했는데 한 수 가르침을 받을 땐 또 어떤가. 모르는 정보를 알려주는 것은 고마운 일이지만 언어의 순서가 소통 분위기를 망칠 때가 있다.

"이게 다 너를 위해서 해주는 말이야."

고마운데 속상한 건 마음을 알아주지 못한 결과이기 때문이다. 분석하고 평가하는 것 그리고 잘못을 바로잡고 더 좋은 정보를 알려주는 것은 고맙고 좋은 일이지만 소통은 심정을 알아주는 것에 더 초점을 맞추어야 성공할 수 있다. 상대의 말이 들리려면 기분이 좋아야 한다는 것이다.

정보의 분석과 평가는 심정을 흩어지게 만든다. 상대보다 부족하고 서툴게 느껴지는 것은 당연하며 상대를 위한 나의 노력이나 재능도 부끄럽게 만드는 것이 평가이다.

당연히 관계하기 싫어질 수 있다. 무언가를 나누는 것은 함께 하자는 것이고 무언가를 보여주는 것은 인정받고 싶다는 것이다. 분석과 평가는 긍정보다는 부정의 내용이 더 많을 수 있기 때문에 더 위험한 것이다.

발전을 위한 조언, 평가, 충고 등은 앞서 언급했듯 상대가 원할 때만 하자. 그리고 사족을 붙이자면 남녀관계에서는 조금 다르니 주의해야 한다. "이 원피스 어때?" 하고 여자가 물어볼 때 놓치고 싶지 않은 여자라면 남자는 어떻게 대답해야 하는지 따로 공부가 필요하다. 영화 〈어바웃 타임〉(2013, 감독 리처드 커티스)에서 시간을 되돌릴 수 있는 능력을 대대로 물려받은 주인공 팀(도널 글리슨 분)이 사랑하는 메리(레이첼 맥아담스 분)의 시상식 드레스를 골라주는 장면을 참고하면 좋다.

여자 역시 함께하고 싶은 남자라면 대답을 잘해야 할 것이다.

역시 영화 '어바웃타임'에서 일에 지친 팀을 메리가 위로해 주는 장면을 참고하기를 권한다. "Respect for Him! Love for Her!"라는 말을 기억하되, 어떤 상황이든 첫 마디가 분석과 평가가 되는 것은 갈등을 유발할 수 있다는 것을 기억하자.

"아이고~, 바쁜데 뭘 이런 걸 다! 맛있겠다."

"아니~, 주차 선수네! 각이 안 나올 줄 알았는데."

감탄사로 시작하고 감사로 마무리하면 더 좋다. 칭찬도 감탄사로 시작하면 더 좋다. 상대에게 정말 필요해 보이는 분석과 평가, 조언이 있다면, 나중에 기회를 찾아 그때 하면 된다. 그리고 내가 한 분석과 평가가 반드시 맞을 것이라는 보장이 없다는 것도 기억하면 더 좋겠다.

또한 감탄사의 일종으로 '머뭇거림 소통' 기법이 효과적일 때가 있다. 상대가 정말 평가와 충고를 요청했을 때 즉각적으로 결과를 말해주거나 선택해주는 것보다 '머뭇거림의 감탄사'를 먼저 동원하면 더 정성을 담은 설득력있는 소통이 된다.

"어떤 게 더 예뻐?"라는 질문에 대한 대답은 "오른쪽!"보다는 "음… 오른쪽이 더 예쁘네."가 더 좋다. 더 고민하고 신중하게 생각하여 대답한다는 느낌을 주기 때문이다.

"A안으로 할까요, B안이 더 좋을까요?"라는 질문에 "B! 비전문가들도 오잖아!"라고 대답하기보다는 "음…. B안이 더 쉽기는 할 것 같네. 비전문가들도 들을 수 있으니까."라고 대답하는 편이 더 낫다. 감탄사라기보다 '감정을 전하는 애드립'이라는 표현이 더 적합한 머뭇거림의 표현은 잠깐의 '음….' 사이에 수많은 감정을 전달할 수 있다.

감탄사는 불꽃놀이 같은 감동을 주며 관계를 밀착시킨다. 감탄사는 나의 감정이 평온하고 여유가 있다는 증거이므로 소통의 달인만이 할 수 있는 노련한 기술이며 상대를 어떤 감정으로 데려갈지 정확하게 알고 던지는 똑똑한 소통 신호이다.

달변가(達辯家: 말을 능숙하고 막힘이 없이 잘하는 사람)도 좋고, 청산유수(青山流水: 푸른 산에 흐르는 맑은 물이란 뜻으로, 막힘없이 말을 잘하는 것을 비유한 말)도 좋지만, 상대방의 마음에 닿지 않으면 함께하기는 어려워진다.

행복은 '한꺼번에'가 아니라 '야금야금'이라고 한다. 소통을 할 때 '야금야금' 하는 감탄사만으로도 함께하는 사람과 '야금야금' 행복할 수 있다. 감탄사는 때로는 소통 상황을 '흥(興)'나게 하는 화룡점정(畵龍點睛) 같은 소통의 MSG이다. 세련되고 노련하게 사용하여 소통의 방점을 찍어 보자.

이기적 소통을 위한 Tip

- 감탄사는 감정을 폭발적으로 자극한다. 순식간에 상대방의 마음을 가져올 수 있다. 분명 효과적인 소통이 된다.

- 많은 말보다 감탄사 몇 마디가 더 효과적인 순간이 있다. 말솜씨가 없다고 느껴지면 감탄사라도 자주 사용하라.

- 사실을 알려주기 전에 감탄을 먼저 하라. 누구나 평가보다는 감탄을 받기를 원하기 때문이다.

- 머뭇거리며 하는 감탄사는 자신이 없는 것이 아니라 신중하게 집중하고 있다는 표현이다.

어눌하고 서툴러도
행복한 관계를 이어가고픈 그대들에게

나는 다섯 살이 될 때까지도 말을 잘 못했다고 한다. 그래서 강사로 일하게 되었다는 사실을 믿지 못했던 부모님이 강연장 뒤에서 직접 확인하신 적도 있었다. 나는 말을 잘 못하고, 잘 안 하던 아이였지만, 머리와 가슴은 끊임없이 상황을 살피고 감정을 느꼈다. 그리고 함께하는 사람들과의 관계 유지는 '말'이 아니라 '감정'에 관한 문제라는 신념을 갖게 되었다.

타인과의 행복한 관계는 유창한 말이 아니라 다정하게 감정을 전하는 과정에서 더욱 단단해질 수 있다는 것을 확신하며 써 내려간 이 책은 그래서 '소통'이라기보다 '관계'에 더 초점이 맞춰져 있다고 느끼는 독자들이 많을지도 모르겠다.

유난히 감정에 예민하고 감정 조절에도 미숙하여 관계 유지에 어려움을 겪으며 소통에 관한 유튜브 영상도 댓글을 차단해 놓았을 정도로 소통보다는 '회피'를 선택하는 나에게 해법을 제시한 것이 바로 감성 지능(EQ)이었다.

"박 선생님 좋아하시는 그 전도엽? 전두엽? 그 내용으로 진행하시면 되겠네요."

감성 지능으로 '고객과의 소통에서 나를 지켜내는 방법'을 강의하기 시작한 것은 지금으로부터 25년 전인 1999년이다. 그 당시만 해도 '편도체', '전두엽', '논리의 뇌', '느끼는 뇌' 같은 용어들이 대중에게 생소하던 때라, 교육 현장에서조차 그 중요성을 자각하지 못했다. 생소한 접근이라서 참신하고 독특하다는 반응이었을 뿐, 오늘날처럼 학계의 연구 결과가 충분히 쌓이고, 일반인들 역시 열띤 관심을 갖는 분위기는 아니었다. 그러나 감성 지능은 '디지털' 인공지능(AI)이 출현한 지금 세상에서도 '아날로그'인 우리네 인간이 더 행복하게 살아갈 수 있는 방법들을 제시하는 근간이 되고 있다.

다행히도 감성 지능을 중심으로 이야기되는 회복탄력성, 자존감, 그리고 명상이나 힐링과 관련된 내용에 대한 세간의 열렬한 관심은 우리가 행복하게 살기 위해 계속 진화하고 있다는 증거이다. 그리고 그 중심에 '관계'가 있고, '소통'이 있다.

또한 감성 지능과 함께 주목을 받기 시작한 것이 '사이코패스'이다. 그들은 유전적으로 감성 지능을 담당하는 전두엽이 쪼그라들어 기능이 저하되어 있기에, 일반인들과 함께 살아가기 어렵고 위험한 존재이다. 그러나 미국의 신경 과학자 제임스 팰런은 사이코패스의 뇌를 물려받더라도 얼마든지 '함께' 행복하게 살아갈 수 있다는 연구 결과를 발표한다. 『괴물의 심연』(개정판 제목은 『사이코패스 뇌과학자』)의 저자 팰런은 자신이 사이코패스의 뇌를 물려받았지만 사이코패스적 성향을 가지고 있지 않으며, 세 자녀의 아버지이자 연구에 열정을 다하는 교수로서 행복하게 살 수 있었던 이유를 찾기 시작했다. 다시 시작한 사이코패스 연구에서 그는 '환경과 유전의 상호 작용'이 중요하다는 것을 확인했고, 감정 관리 기능이 본격적으로 성장하기 시작하는 어린 시절 초기에 감정적·신체적 학대를 경험하면 사이코패스로 성장한다는 사실을 발표하기에 이른다.

팰런은 어린 시절 너무나 따뜻하고 서로를 존중하는 가정환경에서 충분히 사랑받고 소통하며 성장했다고 회상한다. 그리하여 유전적인 뇌 구조와 관계없이, 함께하는 사람들을 통해 존중과 사랑을 배우면 행복하게 '함께'할 수 있는 사람으로 성장할 수 있다고 강조한다. 이처럼 말 한마디에 담겨 전달되는 따뜻하고 다정한 '마음'은 유전이라는 강력한 숙명도 뛰어넘게 한다.

함께하는 사람에게 존중과 사랑을 표현하는 '이기적 소통'은 자칫 고전적이고 방어적인 소통 방법으로 느껴질 수도 있다. 하지만 나는 극히 감성적인 우리의 본성에 다가가 함께하고 싶다는 마음을 '느끼는 뇌'에 전달해 줄 방법을 다각도로 제시하고자 했다.

'이타적' 기술에 '이기적'이라는 단어를 숨겨서 활용하는 시도로 써 내려간 '이기적 소통'은 결국 우리가 원하는 행복한 삶을 위해 '함께하는 사람을 평생 설득하는 기술'이라고 말하고 싶다. 말솜씨가 서툴러도 함께하고자 하는 마음이 진심이라면, 방법은 분명히 있다. 그 방법은 소중한 가족과 지인에게도 가끔 올라올 수 있는 '부정적이며 공격적인 본능'을 잠재울 수 있도록 도울 것이다.

　복잡하게 돌아가는 디지털 세상에서 우리는 나날이 예민해지고, 더 쉽게 상처받으며, 같이 있어도 더 외로운 시간을 경험하곤 한다. 이는 '감성 덩어리'인 우리의 본성을 사용하는 방법이 서툴기 때문이다. 사이버 세상에서 손가락으로 만나고 손가락으로 헤어지는 소통이 아니라, 눈앞에 존재하고 숨소리를 들으며 손을 뻗으면 따뜻함이 닿을 수 있는 소통이 우리의 본성을 깨워 원하는 사람과 함께 더 행복한 시간들을 가질 수 있게 만든다는 것을 믿길 바란다. 그리하여 첫 챕터부터 차근차근 실천하는 기회를 꼭 가져보라고 권하고 싶다.

　소통은, 그러니까 말하는 법은 '상대가 나에게 소중한 존재'라는 것만 잊지 않는다면 누구라도 얼마든지 청산유수(靑山流水)가 될 수 있다. 단순히 말을 잘하는 테크닉을 배우고자 안달할 것이 아니라, 소중한 사람을 귀하게 대하는 법을 깨닫는 데 진심을 다한다면 '이기적 소통'은 완성될 것이다.

소통을 잘하고 싶다면?

www.sentos.co.kr

sentos2004@daum.net

유튜브 박보영의 이기적 소통 TV

Foreign Copyright:
Joonwon Lee   Mobile: 82-10-4624-6629
Address: 3F, 127, Yanghwa-ro, Mapo-gu, Seoul, Republic of Korea
           3rd Floor
Telephone: 82-2-3142-4151
E-mail: jwlee@cyber.co.kr

이기적 소통

2024. 10. 15. 초 판 1쇄 인쇄
2024. 10. 23. 초 판 1쇄 발행

지은이 | 박보영
펴낸이 | 이종춘
펴낸곳 | BM (주)도서출판 **성안당**
주소 | 04032 서울시 마포구 양화로 127 첨단빌딩 3층(출판기획 R&D 센터)
     | 10881 경기도 파주시 문발로 112 파주 출판 문화도시(제작 및 물류)
전화 | 02) 3142-0036
     | 031) 950-6300
팩스 | 031) 955-0510
등록 | 1973. 2. 1. 제406-2005-000046호
출판사 홈페이지 | www.cyber.co.kr
ISBN | 978-89-315-8341-0 (03320)
정가 | **18,000원**

이 책을 만든 사람들
책임 | 최옥현
진행 | 오영미
교정·교열 | 신현정
본문·표지 디자인 | 강희연
홍보 | 김계향, 임진성, 김주승, 최정민
국제부 | 이선민, 조혜란
마케팅 | 구본철, 차정욱, 오영일, 나진호, 강호묵
마케팅 지원 | 장상범
제작 | 김유석

■ **도서 A/S 안내**

성안당에서 발행하는 모든 도서는 저자와 출판사, 그리고 독자가 함께 만들어 나갑니다.
좋은 책을 펴내기 위해 많은 노력을 기울이고 있습니다. 혹시라도 내용상의 오류나 오탈자 등이
발견되면 "좋은 책은 나라의 보배"로서 우리 모두가 함께 만들어 간다는 마음으로 연락주시기
바랍니다. 수정 보완하여 더 나은 책이 되도록 최선을 다하겠습니다.
성안당은 늘 독자 여러분들의 소중한 의견을 기다리고 있습니다. 좋은 의견을 보내주시는 분께는
성안당 쇼핑몰의 포인트(3,000포인트)를 적립해 드립니다.
잘못 만들어진 책이나 부록 등이 파손된 경우에는 교환해 드립니다.